매개진 vol.2

매개진, 인간비인간, 사람과 사람을 연결하는
매체라는 뜻이에요. 이 작은 종이 위 공간에서
사람과 사람 안팎에서 피어나는 이야기가
도란도란 만나기를 바랍니다.
유니버스(You need to birth) 낳는고창, 젊은
몸맘생각으로 만나는 청년출판학교
바탕이에요. 낳는,은 인간비인간 모두가
생성소멸하는 첫 문지방이에요. 우리도 한번
세상 향해, 생각부터 손에 만져지는 무엇까지
낱낱이 낳아보아요. 문턱을 넘어보아요.
특히나 책마을해리에 기대 책낳는
〈청년출판학교〉에서요. 내 생각을 빚어내 짓고
낳는 일, 함께해요.

매개진 vol.2

봄에서 여름, 사이의 맛

사이의 맛이란, 봄도 담고 여름도 담아서
좋을까? 봄도 여름도 제대로가 아니어서
시원찮을까? 무언가 채워가는 사이,
무성해지는 사이의 맛은 또 어떨까.

청년출판학교 봄시즌 친구들이 사이의
순간, 사이의 감각을 담았다. 보는, 맛보는,
듣는, 먹는, 게다가 스웨덴 애시빅 마을의
숲과 호수를 걸으며 소슬, 숨으로 만나는
내음까지라니.

그 감각과 감각에 스미어있는 가까운(웠던)
누군가와 기억을 읽으며, 우리는 우리 기억과
함께 거닐었던 누군가를 기억바깥으로
불러낸다. 수십번, 너의 봄에서 여름 사이에서
만나고 헤어진 존재들을.

그래, 사이의 기억이 오래될수록, 거듭되어
퇴적의 층이 두꺼울수록 새로운 만남에

대한 설렘보다 누군가 잃어야 하는 아픈
기억이 더 많을 테지. 대상이 사람이든
사람아니든, 우리가 마음 온기를 나눈 누구든.
물극필반으로 떠나고 만나고 떠나고를
지극히 거듭하므로.

지금은 사이가 아니라 끝의 정점이다. 일찍 온
장마는 폭염을 낳고 폭염은 또 예전에 없던
깊은 비를 불러 이땅 곳곳이 파이고 무너졌다.
우리는 안다. 이 끝-정점이 또 새로운 사이로
가는 한 구비라는 것을.

다음 굽이로 서둘러 옮겨가기 전에 우리는
그 '사이'를 매개진에 담는다. 우리의 기억과
기억 사이를 매개하는 공간이기 때문에,
더불어 우리의 이십대, 삼십대의 순간순간은
'사이'에 있다는 것을 어슴프레 알고 있는
까닭으로.
— 2025년 여름, 책마을해리 촌장 이대건

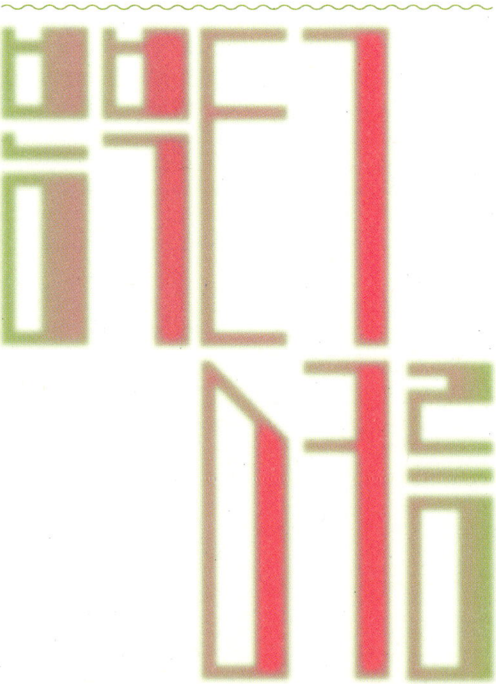

차례

현명한 봄나기 | 홍주은

글이 좋아서 국문과에 들어갔고, 그림책이
좋아서 그림책 마케터가 되었어요. 이번
봄은 사랑스러운 동시에 지독했고 고마웠던
동시에 미웠어요. 이번 봄을 어떤 말로 정의
내릴지, 매개진을 통해 말해볼래요.

현명한 봄나기를 위해서는
몇 가지 준비물이 필요하다.

첫째, 깨지지 않을 멘탈.
둘째, 감기를 막아줄 마스크.
셋째, 시간을 버틸 노래.

첫째, 깨지지 않을 멘탈

3월, 갑작스레 취업이 되었다. 봄이라기에는
너무 추운 날에 입사를 했다. 입사하고 근
한 달 동안은 패딩을 벗지 못했다. 날씨도,
마음도 마냥 따뜻하지는 않았던 모양이다.
면접을 보고 나오는 길, 매서운 바람이
불었다. 그 세찬 바람을 맞으며 버스를
기다렸다. 배차 간격이 꽤 긴 버스였다.
머리카락은 제멋대로 휘날렸고, 긴장한 탓에
남은 체력은 없었고, 가방은 무거웠다. 면접을
위해 신고 온 메리제인은 추위를 막아주지
못했다. 발이 시려웠다.

서울 근교에 있는 회사였다. 최종 합격 소식을
듣고도 내게 어떤 일이 일어났는지 정확히
알지 못했다. 드디어 취업했다는 도파민
때문이었을까. 어떻게든 되겠지 싶었다.
입사일은 코앞이었고 그 하룻밤 사이 집이

구해질 리 만무했다. 여기저기 신세지기에도
눈치가 보여 일단 일주일 동안 지낼 곳을
찾았다. 그때, 게스트하우스가 생각났다.
대학생 때부터 취준 때까지 밥 먹듯이
몸을 맡긴 곳. 떠돌이 짬밥으로 호기롭게
게스트하우스에 들어갔다.

홍대에 있는 나의 최애 게스트하우스로
향했다. 서울에서 밤을 보내야 할 때면 늘
이곳에 왔다. 뮤지컬을 보고 막차가 끊겼을
때, 사람들과 늦은 시간까지 만나야 할 때,
아침 일찍 서울에서 열리는 행사에 가야 할
때도. 다들 "불편하지 않아?" 하고 물었다.
당연히, 불편했다. 알람을 마음대로 울리지도
못했고 편히 자지도 못했다. 하지만 그것은
별로 문제가 되지 않았다. 게스트하우스라는
이름처럼 서울에서 나는 손님이었고,
이방인이었으니까. 마음 둘 곳 하나 없는
타지. 이곳에서는 편안함을 바라지 않았다.

게스트하우스에 짐을 풀면서 생각했다.
기어코 서울에 오게 됐구나. 서울살이도,
입사 후의 모습도 전부 안개 낀 것처럼
막막했다. 깊이 생각하면 할수록 걱정의
구렁텅이로 빠지는 느낌이었다. 다행히도

회사에 나가기 시작하자 일어나서 회사 가고,
잠자고의 반복이라 뭘 깊이 생각할 시간이
없었다. 동시에 설레기도 했는데, 꼭 여행을
온 것만 같아서 그랬다. 여행할 때의 설렘과
취업의 설렘이 오묘하게 겹치며 계속 붕 뜬
느낌이었다. 비현실에 살고 있는 것 같았다.
말이 안 되는 꿈을 꾸고 있는 듯했다.

게스트하우스를 택한 것은 잘한 일이었다.
게스트하우스라는 장소가 주는 힘이 있었기
때문이다. 재미 삼아 떠돌이 생활을 하던
때로 돌아가는 기분이었다. 이상하게도 그게
참 안도가 됐다. 당장 서울에서 집도 구해야
하고 이것저것 알아봐야 하지만 아직은
이방인이어도 된다고 말하는 것 같았다.
나에게 큰 변화가 생기기는 했지만, 마음만은
게스트하우스를 돌아다니던 대학생 때와
다를 게 없었다. 평일이라 그런지 사람이
그리 많지 않은 것도 행운이었다. 너무나
감사하게도 내가 지내는 동안 혼자 2인실을
사용했다. 주인 분의 배려였을지도 모르겠다.

근데 거짓말은 못 하겠어서, 죽어도
'좋아요'라는 말은 안 나왔다. 당시는 '나쁘지
않아요'라는 말을 달고 살았다. 이것은

내가 여행하며 게스트하우스에 머물 때
했던 생각과 비슷했다. 사실은 호텔같이 더
좋은 공간에서 자고 싶었다. 하지만 나는
당시 학생이었고 가진 돈이 많지 않았다.
그 상황에서의 최선이 게스트하우스라면
즐길 수밖에. 게스트하우스가 아주 좋지는
않았지만 하룻밤 묵기에는 충분하고, 사실
씻고 잘 수 있는 공간만 주어져도 그게
감지덕지다 싶었다. 게스트하우스라도
있어서 얼마나 다행이야. 취준 동안 여기저기
돌아다니며 게스트하우스에 익숙해진 게
얼마나 다행이야, 내 최애 게스트하우스가
회사와 엄청 멀지 않아 얼마나 다행이야,
2인실을 나 혼자 쓰고 있다는 게 얼마나
다행이야, 하면서.

둘째, 감기를 막아줄 마스크
입사 첫날부터 실무를 시작했다. 일을 배우며
생각했던 것은 최대한 빨리 적응해야 한다는
것이었다. 하루라도 빨리 일이 손에 익어야
했고, 할 일들을 인수인계 받아야 했다.
그래야 내가 편해진다는 것을 알았고, 회사도
그걸 바라고 있음을 알았다. 쉴 틈이 없었다.
정신없이 하루가 지나갔다. 집으로 돌아가면
긴장을 내려놓고 좀 쉴 수 있어야 하는데,

나에게는 집이 없었다. 날은 여전히 추웠고
패딩을 벗지 못했다. 이게 봄인가? 도대체
언제 따뜻해지는 건지 궁금했다. 겨울이
여전한 것 같았다.

방을 구하기 위해 아빠가 서울로 올라왔다.
당장 들어갈 수 있는 곳은 없어서 급한
대로 고시원을 찾았다. 여성전용고시원.
꼬질꼬질하고 어두침침한, 그런 곳은
아니었다. 방에 침대가 있고 바깥에 욕실과
화장실이 있는 구조. 게스트하우스와 아주
비슷했다. 하지만 매우 좁았고 방이 다닥다닥
붙어있는 모습이 꼭 닭 사육장 같았다. 그리고
유흥가 한가운데에 위치해 있어 주변 환경이
안 좋았다. 고시원 좁은 거야 예상은 했지만,
술집과 노래방이 즐비한 곳이라니. 아빠는 그
모습에 굉장히 충격을 받은 듯했다.

별다른 선택지는 없었다. 비어 있는 방 중
가장 깨끗해 보이는 곳을 골라 들어갔다.
아빠에게는 괜찮은 척하며 씩씩하게 짐을
옮겼다. 엄마에게도 사진을 보내주며 엄청
좁기는 한데 지낼 만할 것 같다고 했다.
어쩔 수 없다는 걸 알았다. 모든 것이 나의
선택이었기에 어딘가에 탓을 할 수도 없었다.

오로지 내가 감당해야 하는 일이었다. 하지만
몇 안 되는 짐으로도 꽉 차버린 고시원 방을
봤을 때, 조금은 울고 싶어졌다.

게스트하우스는 '떠날' 곳이었지만 고시원은
'머물' 곳이었다. 그 미묘한 단어 사이로 애써
외면하고 있던 현실이 모습을 드러냈다.
서울에서 더 이상 나는 이방인이 아니라는 것.
정 없고 삭막한 이 도시에 발 붙이고 살아야
하는 사람이 되었다는 것. 회사도, 서울도,
모두 눈 뜨면 장난스레 사라질 꿈이 아니라
현실이라는 것. 고시원에서 몇 달을 살아야
할지 알 수 없었다. 원하는 집이 나오지
않는다면 계속 머물러야 할 수도 있었다.
어렵사리 서울살이를 시작했지만, 나의
온전한 거취는 정해지지 않았고, 나는 여전히
떠돌이였다. 고시원은 집이 될 수 없었다. 이
공간이 서울에서 나의 최선이라는 게 슬펐다.
더는 이 도시를 여행 오던 가벼운 마음으로
즐기지 못한다는 것도 날 슬프게 했다.

고시원을 보고 온 그날 저녁, 아빠는 어떤
결심을 한 것 같았다. 내가 회사에 있는
동안 여기저기 발품을 팔아보다 회사 옆
오피스텔로 가는 게 어떻겠느냐 제안했다.

나는 다른 곳을 더 둘러보고 싶다 말했지만
아빠는 이곳보다 더 나은 곳은 없을 거라고
했다. 그리고 빨리 계약을 해야 본인 마음이
편할 것 같다고. 우리는 그 다음 날 회사 옆
오피스텔에 가계약을 잡았다. 입주일은 한 달
후였다. 그 끝을 알았기에 고시원 생활을 할
수 있었다.

몇 주 안 가 지독한 감기에 걸렸다. 2주 반
정도 계속 감기를 달고 살았던 것 같다.
가래와 콧물, 기침이 나를 덮쳤다. 열만 안
났다 뿐이지 기력이 하나도 없었다. 기침이
미친듯이 나서 목소리가 완전히 쉬어 버렸다.
기침 때문에 잠도 제대로 못 잤다. 컨디션은
날이 갈수록 안 좋아졌다. 시중에 파는 약들로
버텨보려 했지만 감기가 호전되지 않았다.
결국 근처 병원에 갔다. 회사 분들이 엉덩이
주사 맞고 오라고 하셔서 엉덩이 주사도
맞고 왔다. 하지만 그것도 잠시뿐, 감기는
좋아졌다가 다시 나빠지기를 반복했다.

감기가 낫지 않는 데에는 고시원이라는
환경도 한몫하는 것 같았다. 회사 사람들
중에서는 감기 걸린 사람이 없었고, 나의 이동
반경은 집과 고시원이 전부였다. 고시원에도

감기 걸린 사람들이 있었다. 증상이 나와 굉장히 비슷했다. 기침 소리가 밤마다 들렸다. 고된 감기를 한 번 겪은 이후로는 강박처럼 마스크를 챙겼다. 고시원 안에서도 음식을 만들러 가거나 욕실에 가야 할 때면 늘 마스크를 썼다. 이 감기를 또 겪을 수는 없었다.

여러 방에서 기침 소리가 들릴 때부터 마스크를 쓰고 다닐 걸 하고 후회했다. 내 상태를 간과한 것이 문제였다. 회사가 재미있기는 했지만, 그것이 힘들지 않다는 말은 아니었다. 회사에 오자마자 뻗어서 자는 모습이 그걸 증명했다. 봄이라기에는 여전히 추웠고, 나의 몸 상태는 날이 갈수록 안 좋아지고 있었다. 몸의 신호를 괜찮을 거라고, 아니 괜찮아야 한다고 생각하며 넘겨버린 게 고스란히 내게 돌아오고 있었다. 내가 측은해질지라도 이제는 인정할 때가 된 것 같았다. 이 생활에 나는 지쳐가고 있다는 것을 말이다.

셋째, 시간을 버틸 노래
이번 봄은 유난히 더디게 오는 느낌이었다. 이름만 봄일 뿐, 추위는 가시지 않았고 잔잔한

우울을 남겼다. 취준이 끝나고 맞은 봄. 모든
날이 꽃길 같기를 바란 건 아니었지만 몇 주
간은 봄이 온 건지도 헷갈렸다. 그러나 가지
않을 것 같은 시간도 어찌저찌 흘러갔다.
일도 차차 익숙해지기 시작했다. 출퇴근 길이
제법 따뜻해져 패딩을 벗고 회사에 가는
날도 생겼다. 벚꽃에는 망울 졌고, 개나리도
피었다. 걸으면서 하늘을 볼 수 있는 여유도
조금 생겼다. 나에게 현실을 맛보게 한 고시원
생활도 이제 끝을 향해 달려갔다.

고시원에는 암묵적인 룰이 있다. 서로를
투명인간 취급하기. 욕실이나 주방, 복도
등에서도 서로를 피해 다닌다. 다이닝룸이
없어 교류할 수 있는 공간이 없기도 하지만,
남에게 관심을 쏟을 여유가 없는 것도 맞는
것 같다. 이렇게 서로를 신경 쓰면서도 관심을
가지지 않는 모습은 나를 편하게 하는 동시에
불편하게 했다. 이곳은 정을 붙일 곳이
아니라고 말하는 것만 같았다.

고시원은 공동으로 사용하는 공간인
만큼 당연히 금연 구역이었다. 하지만
고시원에서는 은은하게 담배 냄새가 났다.
내 방은 입구와 가까워서 상대적으로 냄새가

덜했지만, 누군가 방에서 담배를 피우고
있다는 생각을 지울 수가 없었다. 사건은 머지
않아 일어났다.

10시 즈음 잠에 들었던가. 진한 담배 냄새에
일어났다. 뭔가 이상했다. 그러니까, 탄 내에
더 가까웠던 것 같다. 비몽사몽했던 나는 그걸
잘 인지하지 못한 채 씻으러 욕실에 들어갔다.
욕실에서도 그 이상한 냄새가 계속 됐다.
보통 욕실에 들어오면 냄새가 덜하지 않나?
하면서 머리를 감고 몸도 씻었다. 물기를
수건으로 닦아내는데 누가 다급히 욕실 문을
열고 들어왔다. 샤워부스에 있는 나를 향해
소리쳤다. "지금 불 났어요! 어서 나와요!"
잠이 확 깼다.

욕실을 나오자 연기가 자욱했다. 저절로 숨이
막혔다. 노트북이나 겉옷을 챙기러 재빨리
방으로 가는데 고시원 입구 쪽에 소방관들이
쭉 서 있었다. 냄새를 언제부터 맡았냐,
최초 신고자가 누구냐 하면서 조사하다
발화지점을 찾았는데 담뱃불이었다. 누군가
담배를 피우고 버리면서 그게 화장실 입구
쪽을 좀 태웠다고 했다.

처음으로 고시원 사람들이 한곳에 모였다.
서로 괜찮냐고, 놀라지는 않았냐고 마음을
진정시키며 말을 걸었다. 욕실에 있던 나를
불러준 외국인 친구에게 인사를 전했다.
일면식도 없는 나를 큰 소리로 불러내 준 그
용기와 마음이 고마웠다. 그날, 고시원에 살던
우리는 서로의 얼굴을 처음 봤다. 닫힌 문
뒤에는 이런 얼굴들이 있었구나.

나는 여태 고시원 사람들이 서로를 무시하며
살고 있다고 생각했다. 그래서 서로를 아는
척 하지 않는 것이라고. 더 선을 긋고 있다고
느꼈다. 하지만 막상 위기가 닥치자 '우리'가

되더라. 이름도, 국적도 모르지만 고시원에
살고 있다는 것 하나만으로 서로에게 힘이
되어주었다. 어쩌면 서로가 서로에게 관심을
두지 않았던 것은 배려이자 예의였을지도
모르겠다. 밀리고 밀려온 이 공간이
불편해지지 않도록.

나이도, 얼굴도, 국적도 다르지만 우리는
무언가가 간절한 사람들이기에 이곳에 있다.
누군가는 고시원은 살 곳이 못 된다며 혀를
찬다. 하지만 그렇게 해서라도 버티려는
사람들이 이곳에 살고 있다. 그 잠깐의

만남으로 동지애를 느꼈던가. 그날 이후로
고시원이 애틋해졌다. 서울의 보루 같은
곳. 떠날 때만을 기다렸건만, 막상 그날이
다가오자 정이 생겨버렸다. 고시원에서 삶을
치열하게 살아내는 사람들에게.

다시 하라면 못하겠지만, 그때의 나는
가능했다. 그때의 나였기에 가능했다. 누가
봐주기를 바라면서 버틴 것이 아니었다. 나중
가서 보면 그 누구보다 내가 나를 토닥토닥
해주지 않을까, 막연하게 생각했다. 그때의
나를 생각하면 조금 눈물이 날 것 같다. 잘
이겨냈다.

서울에 오고 싶지 않아서 대학교도 일부러
지방에 있는 곳만 썼다. 삭막하고 차가운
도시. 서울은 나를 반기는 것 같지 않았다.
되려 밀어내는 듯했다. 푸른 들과 시원한
바람이 가득한 곳에서 살고 싶었다. 집 앞에는
작은 텃밭이 있고 버스는 1시간 간격으로
있는 시골에서 지내고 싶었다. 내가 어릴
때부터 지내온 곳이자 행복한 한때의 기억들.
하지만 내가 하고 싶은 일을 위해서는 결국
상경하게 될 거란 걸 어렴풋이 알고 있었다.
그때가 오지 않기를 바라면서도 내심 오기를

바랐다. 꿈을 이룬 내 모습은 어떨까 궁금했기
때문이다.

출퇴근길, 제니의 〈Twin〉을 많이 들었다.
멀어진 친구를 떠올리며 쓴 노래이자
편지라고 했다. 나는 이 곡의 청자를 어린
시절의 나라고 생각하며 들었다. 푸른
들판에서 뛰어놀던 그때의 나. 나는 여전히
그때를 아끼고 그리워한다. 나의 가장 친한
친구였던 나에게, 이제는 돌아갈 수 없는
나에게, 그리고 나를 지켜주던 많은 것들에게
보내는 작별. 서울에 있어도 나는 결국 정을
주며 살아갈 것이다. 공간은 바뀌었어도
사람은 바뀌지 않았기에. 이 마음가짐 그대로
서울살이를 해야지. 달라지지 않아야지.

23

–
4월이 되며 회사 옆 오피스텔로 이사를
했다. 전 세입자가 집을 빨리 빼줘서 일주일
정도 입주 일자가 앞당겨졌다. 이곳에서는
내가 먹고 싶은 음식을 마음껏 해 먹을 수
있고 음악도 마음껏 들을 수 있다. 신축이라
깨끗하고 환기도 잘 됐다. 정말 신기하게도
이곳에서는 감기에 걸리지 않았다.

이번 봄은 진짜 '나기'에 가까웠다. 생명이
움트고 많은 것들이 자리를 찾아가는 계절을
너무 힘겹게 보냈다. 봄을 나는 일. 이는 곧
봄을 '잘' 보내는 것이기도 하다. 봄이라는
계절에 잘 스미고 무사히 인사하는 일이
이렇게 어려웠다니. 나는 봄에 있으면서도
여전히 겨울에 서서 방황하고 있었다.
나무에 걸린 연처럼. 취업은 나에게 끈이
되어주었지만, 휘날리는 마음까지는 어떻게
하지 못했다.

봄과 겨울의 경계에 있는 그 아릿한 추위를
좋아했다. 봄을 기다리는 설렘으로 가득했기
때문이다. 그 좋고 사랑스러운 날들을
혼란스러워하며 보내고 있는 내가 싫기도
했고 아쉽기도 했다. 이때 역시 돌아오지
않는다는 것을 알았다. 행복한 모습으로
보내고 싶었지만 그러지 못했다. 밝아지는
세상 속에서 나만 흑백인 느낌이었다. 분명
행복해져야 맞는데 그러지 못해 더 힘겨웠다.
사람들은 잘만 살아가는데 나에게만
어려움이 끝나지 않았다. 혹독하지 않아
혹독한 계절, 그게 바로 봄이었다.

홀로 걷는 봄 | 손가빈.파도

나 자신에게 가장 솔직한 사람이고 싶은
파도입니다. 나를 들여다보고 고개를 들어
더 넓은 세상을 바라보려고요. 작은 파도도
일으키면서요. 마치 끝도 없는 바다 앞에 서서
파도 소리를 듣는 것처럼, 마음이 뻥! 뚫리게
말이에요.

2021년, 스물한 살 봄

재수를 했던 스무 살 이후로는 줄곧 연애를
하며 봄을 맞았던 것 같다. 그것만이
가장 따뜻하고 행복하다고 생각하며.
서울대공원에 줄을 서서 벚꽃을 보고,
리프트를 타고, 사진을 찍고. 감정적으로
의지할 가까운 사람을 항시 두고 남들 다
하는 걸 하며 살았다. 죽고 못사는 그런
연애는 아니었다. 이기적이지만 늘 옆에
있어주겠다 싶은, 나의 불안을 잠재워줄 만한
존재들이었다. 이상하게도 이 헐렁한 관계의
끝은 매번 초봄이었다. 보통 봄은 무언가를
시작하는 벅찬 계절이라고 하지만 내게 봄은
한때 가장 친했던 친구가 한순간에 사라지는
계절이었던 것이다. 연인이라는 이름으로
매일 연락하고 100일 200일을 챙기다
남남이 되는. 그런 공허한 날들의 연속.
드라마나 노래가사에서 말하는 찢어지는
슬픔은 없었다. 텅 비어버린 봄은 바깥 풍경과
대비돼 더 큰 외로움을 안겨줄 뿐이었다.

봄길을 여유롭게 걷는 사람만이 흩날리는
벚꽃잎을 보고 행복해할 수 있는 것처럼,
혼자여도 괜찮은 사람이 건강한 인간관계를
맺고 건강한 연애를 한다. 한창 결핍을 채워줄

사람을 찾아다닐 때의 나는 다리 근육이
하나도 없는 상태로 누군가에게 기대어
있었다. 그것도 서 있는 거라고 생각했다.
그 후 느끼는 외로움은 헤어짐에 동반하는
당연한 감정이라고 스스로를 위로했다.
그러니 외로울 시간이 없게끔 공간을 채울
사람을 찾아야 했다. 기댈 곳이 없어졌을 때,
다른 기댈거리를 찾아 더듬거릴 것이 아니라
홀로 서기를 할 수 있도록 근육을 키웠어야
했다. 계속 넘어지더라도 그랬어야 했다.

사랑

내게 사랑이란 조금은 부정에 가까운

단어다. 많은 행동이 사랑이라는 이름으로
포장되고, 행해지기 때문에. 또, "좋아해"는
순수한 호감이지만 "사랑해"는 어딘가
무거운 구석이 있다. 나는 시가에 내려가서
하루종일 밥하고 설거지하고… 쉴틈없이
일하는 엄마가 미웠다. 친척이나 다른 이들은
그런 엄마를 보고 '고맙다', '수고한다'는
몇마디로 마음의 짐을 덜어내지만, 난 그
풍경이 싫었다. 왜 하필 엄마여야 하는지, 왜
혼자 일해야 하는지. 왜 다들 당연하다는 듯
밥상 앞에 앉고 다 먹으면 슥- 물러나는지.
이해할 수 없다. 아니, 이해하고 싶지도 않다.

화와 슬픔이 섞여 올라온다. 내가 엄마 그
자체가 되어버린 것 같다. 내게 사랑은 이런
것이다. 온 마음을 다해 좋아하고, 그 깊이
만큼 분노하는 것. 사람은 원래 이기적이라
자기 자신을 우선으로 보호하곤 하지만, 그런
본능을 거스를 수 있는 마음. 그런 사랑을
사귄지 얼마 안된 이성에게 바랄 수는 없는
노릇이다.

서울독립영화제 〈유림〉 GV에 혼자 갔었다.
한창 여성 서사에 관심이 많던 찰나 뜨개
목도리를 두르고 서로 마주보고 있는 두
여자아이의 스틸컷을 보고 냅다 표를 끊었다.
공교롭게도 소재는 사랑이었다. 영화 속
인물들은 서로 사랑하는 듯하지만 그 모습은
매우 뒤틀려 있었고 그 본질은 결핍인 듯했다.
국어 선생님과 친구인 선미의 교제, 교제로
인한 임신과 선미를 진심으로 걱정하는
유림. 국어 선생님 집 앞에서 밤새 선미 곁을
지키는 유림. 우정과 사랑의 경계에 서 있는
듯한 혼란한 모습. 엄마의 불행이 대물림되는
모습까지. 극 중 유림은 자신이 감당할 수
없는 일과 마주한 선미에게 당장 선생님을
찾아가라고 등 떠밀었다. 왜인지 선미는
선뜻 분노하거나 선생님을 찾아가 따지려고

하지 않고, 그 모습에 유림은 크게 화를 낸다.
선미를 아끼는 만큼, 사랑하는 만큼 화가
났으리라. 사랑이 무어냐는 질문에 감독은
다름을 받아들이는 것이라고 했다. 사랑하기
때문에 단전에서부터 뜨거움이 올라오곤
하지만, 결국 다름을 받아들이는 것이
사랑이라는 것. 사랑은 매우 복잡하고 슬프고,
무겁기도 한 단어다.

만남이 있으면 헤어짐이 있는 법. 시작과
동시에 끝을 그려보던 나는 언제 끝날지
모르는 관계에 사랑을 내어주고 싶지 않았다.
그 단어 하나가 뭐라고…. 구색 맞추기
식으로는 절대 입이 떨어지지 않았다.
스스로를 속이고 싶지 않은 마음 반, 빈말로
사랑을 남발하고 싶지 않은 마음 반이었다.
사귄 지 일주일도 안 되어 듣는 사랑한다는
말은 연인이니 하는 말. 딱 그 정도였다.
말과 글은 사람 마음을 뒤죽박죽하게
만드는데, 이상하게 그때의 나는 아무렇지
않았다. 그렇게 상처를 주고 받았다. 용기내
사랑한다고 말했던 상대는 하루아침에
부담스럽다고 떠나간 내게 상처를 받았을
것이다. 못되고 유약한 마음이 충만한 마음에
균열을 낸다. 좋아하기는 했다. 사랑하지

않았을 뿐.

2009년, 아홉 살 봄

우리 가족은 매년 봄 쑥과 냉이를 뜯으러
여기저기 다녔다. 한 차를 타고 풀이 많이
자란다는 동네에 내려, 곡괭이를 쥐고 캡모자
하나 푹 눌러쓴 채 쑥을 캤다. 아홉 살 작은
아이는 이름 모를 사명감에 휩싸여 눈을
슥슥 비벼가며 풀을 모았다. 봄볕의 따끈함이
흥건한 땀이 될 정도로 집중했다. 누구보다
빠르게, 많이 많이 담아 아빠에게 내밀었다.
정작 먹지도 않았던 쑥을. 어린 시절 나는
무엇이든 잘 해내는 완벽한 사람이고 싶었던
것 같다. 잘했다, 잘한다, 자랑스럽다 같은 말
한마디가 나를 온전하게 해주었지만, 동시에
'무결한 나'를 더 견고하게 만들었다.

결핍

나는 늘 관심과 사랑에 목말라 있었다. 사람을
좋아하기도 했지만. 내게 호의를 보이는
이들 모두에게 마음의 문을 활짝 열었다.
나만 착하면, 나만 언제나 진심을 다하면
된다고 생각했다. 그러나 사람이란 극도로
선하기도, 동시에 악하기도 한 존재였다.
정신을 차려보니 난 착한 사람이 아니라

호구였다. 조금만 잘해줘도 그게 사랑인 줄
착각하니, 나는 그들에게 참 다루기 쉬운
존재였으리라. 어린 나는(그래봤자 3~4년
전이긴 하다), 누군가가 내게 진심일 때 표현을
어떻게 하는지 잘 몰랐다. 날 보고 웃어주고
전화를 자주 하고…. 이 정도면 좋아하는 게
확실하다고 굳게 믿었다. 그러나 저 행동들은
사랑과 관심의 필요조건이지, 충분조건은
아니었다. 내가 호구였다는 사실을 깨달았을
때쯤, 사랑의 정의에 대해 생각하기 시작했다.
이제는 안다. 그때까지 진짜 사랑을 해본 적
없었다는 걸. 마음 한구석 비어버린 공간을
채우려 끊임없이 물을 부었다는 걸. 밑 빠진

독인 줄도 모르고. 꼬리에 꼬리를 문 생각은
점점 나를 파고들어 마음 속에 바리게이트를
세웠다. 호감을 가지고 가까이 다가온
사람들의 행동을 넘겨짚고, 진심을 의심했다.
'진짜'라면 이렇게 밀어내도 꿋꿋이 곁에
있을거라고 확신하면서.

나의 결핍은 어디에서 왔을까. 이 이야기를
하기 위해 십여 년 전의 어린아이를 소환한다.
엄마와 함께 외출하면 항상 입었으면 하는
옷이 정해져 있었다. 거절하면 "말 안듣는다",
"힘들게 한다"는 말이 돌아왔다. 평소

같지 않다는 말이다. 말을 듣고 안 듣고의
문제보다는 취향의 영역임에도 불구하고.
내가 방에서 문을 잠그는 것도 싫어했다. 나는
누군가가 갑자기 문을 열고 들어올 수 있다는
점이 불안했고 엄마는 문을 열고 내가 뭘
하는지 확인할 수 없다는 점을 불안해했다.

부모님의 관심은 분명 많이 받았다. 열심히
공부해서 좋은 대학에 갈 수 있도록
물심양면으로 지원해주셨다. 엄마는
말했고 나는 잘 들었다. 스스로의 의지와는
상관없을 일곱 살쯤, 사립초등학교 추첨에
떨어져 영어유치원을 다니게 되었다. 어차피
빠른으로 응모해본거라 1년 뒤에 다시
넣어보면 된다며. 그렇게 1년 뒤 원하던
사립초등학교에 들어갔다. 초등학교 때는
국제중을, 중학교 때는 자사고와 외고를
목표로 했다. 그렇게 단계를 밟아 좋은
대학에 들어간 뒤 외교관이 되는 것까지가
큰 그림이었던 모양. 나도 언젠가부터
그냥 '나'보다는 '말 잘 듣는 착한 딸'이나
'자랑스러운 자식'쯤을 연기했다. 막상
당시에는 불평 불만 하나 없이 주어진
삶을 살았다. 그 꿈이 정말 나의 것이라고
굳게 믿었기 때문에. 커보면 중학교 성적은

아무 쓸데도 없다지만 난 외고에 지원할
영어 성적을 지키기 위해 매 시험 마음을
졸였다. 갑자기 서술형 부분점수가 없어졌던
어느 날, 89점 시험지를 받고 그 자리에서
엉엉 울어버린 기억이 난다. 절대평가라서
A등급을 받지 못하게 된 것이다. 마음이
와르르 무너져 앞이 깜깜했다. 옆자리 친구는
재수없다며 흘겨봤겠지만, 당시 내게는 꽤나
큰 고통이었다. 몇년이 지난 뒤에나 그때의
감정을 이해할 수 있었다. 나의 커리어,
인생과 미래가 걱정되었던 거라면 분해서
흘리는 눈물쯤으로 그쳤어야 했다. 이는 분명
'잘해야 한다'는 부담감에서 기인한다.

33

오빠는 나보다 일곱 살이 많은데 공부도
인간관계도, 사회활동도 원활히 하지 못한다.
친구 한명 없이 집에서 엄마에게 모든 걸 다
물어보며 지낸다. 발달이 더디다든지, 어떠한
정신과적 스펙트럼을 지니고 있거나….
공식적으로 알길은 없다. 아주 어릴 때
ADHD라고 진단받은 뒤 한번도 검사를
받아본 적이 없기 때문에. 10대 시절 집은
항상 오빠와 관련된 일들로 고성이 오갔고,
집은 내게 안전하고 편안한 공간이 아니었다.
내가 할 수 있는 일은 속마음을 내비치지

않고 최대한 엄마 아빠 속을 썩이지 않는
존재가 되는 것이었다. 이따금씩 학급 회장이
되었다는 소식, 토론대회에서 상을 탔다는
소식 등 좋은 일들만을 전하며 위로가 되기를
바랐다. 그를 제외한 자식이 나 하나뿐이라
그런지, 주변에서는 '너라도 잘해야지',
'기대가 된다' 같은 말들을 아무렇지
않게 했다. 신경 쓰지 않고 웃어넘기려고
애썼으나 알맹이 없는 말들은 마음 한켠에
층층이 쌓여 나를 천천히 짓눌렀다. 필터에
걸러지지 못하고 쌓여 종국에는 병이 되는
미세먼지처럼. 엄마도 늘 '평범함'에서
벗어나는 오빠를 평범하게 키우려고 수없이
'교정'하고 '훈육'했을 터. 이런 엄마가
잘못됐고 밉다는 납작한 말을 하고 싶은 건
아니다. 나 자신도 엄마도 이해하고 싶다.
사람은 원래 입체적이고 복잡한 존재니까.

잘해야 한다는 강박은 큰그림이었던 외교관
프로젝트에서 대거 실패하면서부터 조금씩
벗겨지기 시작했다. 외고에 지원하지 않고,
재수를 하고, 만성 우울증 진단을 받았다.
병원을 다니면서 여태 회피했던 마음 속
응어리도 하나씩 돌아봤다. 그리고, 스무
살이 되어서야 내가 진짜 하고 싶은 게

무엇인지 찾기 시작했다. 이렇게 글도 쓰고, 아무렇지 않게 상처에 대해 말하는 것을 보니 이제 겨우 해방된 듯하다. '자랑스러운 딸'에서 '나'의 인생을 살기 시작했다고 할까. 나도 엄마도, 결국엔 오빠도 어딘가로부터 해방되었으면 좋겠다. 사실 이 행동을 나에서 가족으로 옮겨야 시작인 걸텐데. 걱정되고 무섭다. A에서 1점 부족한 B(89점) 시험지를 받은 날의 나처럼, 엄마의 세상이 와르르 무너져버릴까봐.

홀로 걷는 봄

이번 책마을해리 봄학교에서 느낀 봄은 꽤나 황홀했다. 도시에서는 찾아볼 수 없는 그 적막함, 사람이 아무도 없는 곳에서 비로소 큰 존재감을 띠는 자연의 소리들. 폴딩 도어를 모두 젖혀놓고, 바람에 살살 흔들리는 청량한 윈드차임 소리를 들으며 멍- 하니 앉아 있었다. 그 윈드차임 소리조차 들릴 듯 말 듯 희미했다. 풍경과 소리, 날씨에서 오는 따뜻한 온도까지 모든 것이 청량했다. 그렇게 한참을 보고 듣고, 감각을 곤두세우며 자연을 느꼈다. 물리적으로도 심적으로도 현실에서 멀어져 봄날씨에 푹 담겨있으니 잠시나마 다른 세계에 온 것 같았다. 남들 다 하는

의례적인 모습의 봄 말고 내가 원하는 봄은
이러했다. 새가 지저귀고 꽃잎이 흩날리고,
누구도 나에게 말을 걸지 않는 환경. 자연
속에 파묻히는 것. 여러 생명들의 소리도
들렸다. 생각보다 듣기 어려운 소리들이다.
대도시에서는 인간과, 인간이 만들어낸
것들이 한순간도 소리를 내지 않은 적이
없으니.

오전 11:15

마미
부엉깜놀
농활이네.ㅎ
좋은책알아와서소개^^

메모

글을 쓰는 내내 진도가 나질 않아서 진땀을
뺐다. 많이 뱉었던 이야기가 아닌 지금 겪고
있는 고민이라 그렇다. '외롭다'는 상태를
받아들이기까지, 나의 결핍과 내면을 들여다
보아야 했다. 나를 들여다보는 것은 큰 용기가
필요하다. 미루고 싶고 회피하고 싶은 일이다.
글을 쓰며 천천히 나를 뜯어본다.

취미가 없는 사람 |
이우현.열음

사실과 사실에 기반했으나 사실이 아닌 것을
섞어 글을 씁니다. 주로 그림을 그리고 어떨
때는 노래를 지어 부릅니다. 언젠가의 겨울,
스스로에게 열음이라는 이름을 부여한 뒤
사람들이 내 이름의 해석에 대해 의견 나누는
것을 즐기곤 합니다. 주목받기를 원하지만
주목 공포증이 있습니다. 사람을 사랑하기
때문입니다.

IG @budlnoon, @yeorrrmeee

"제발 취미를 좀 가져 봐."

만나던 사람한테 들은 말이었다.
지긋지긋하다고 했다. 혼자만을 위한 시간을
좀 가지고 그 시간을 잘 써보라는 말이었다.
언젠가 이제 막 친해지는 단계인 사람에게 첫
질문으로 들었던 말이 생각났다. "넌 취미가
뭐야?" 대답할 수 없었다. 취미가 없었기
때문이다. 취미란? '금전을 위한 것이 아닌,
즐기기 위해 하는 활동'. 사실상 벌이가 없는
나한테는 더더욱 모호한 것이었다. 그림을
그리지만 그것은 이제 취미라기보다는 일에
가까운 행위였다. 집에서 무엇을 하면서
시간을 보내느냐고? 그저 인터넷 서핑. 숏폼
동영상 넘기기. 무한 스크롤링. 취미가 뭐냐는
질문을 들었을 때 말문이 턱 막혔던 나는
순간 나 자신을 게으르고 가치 없는 인간으로
생각하게 되었다. 그땐 뭐라고 했더라. 그냥
그림 그린다는 정도의 말로 얼버무렸던 것
같다.

이별을 겪었다. 어느 정도는 예상하고
있었지만 지금은 아니었다. 이미 한 차례
마음 정리를 한 후였는데도 갑작스러운
말에 무너질 수밖에 없었다. 봄은 태양을

너무 금방 띄웠고, 동이 틀 때쯤부터 다투기 시작한 우리는 해가 완전히 떠올라 주변이 환히 밝아질 때까지 싸움을 멈추지 않았다. 결국 결론은 났다. 실연의 아픔은 생각보다 힘들었다. 항상 함께하던 사람이 한순간에 남이 되었다는 따위의 것. 그중에서도 가장 견디기 힘든 것이 있었다. 바로 시간이 너무나도 느리게 간다는 사실이었다. 초가 흐르는 것이 피부로 느껴질 정도였다. 뜬금없이 '망돌 콜렉터'였던 시절 좋아했던 망돌(지금은 망돌까지는 아닌) '더보이즈'의 노래, 〈시간이 안 지나가〉가 머릿속에 울려 퍼졌다.

...

시간이 안 지나가
너 없는 나를 no
니가 아직 내게 남아 날 아프게만 해
가만히 앉아서 너와 만든 이 추억을
꺼내 나 혼자 이 자리를 맴돌고 있어
(…)
Baby 니가 떠나고 난 홀로 남아
너의 흔적들을 찾고 있어 난 또
네가 없는 나는 너무 허전해
네가 없이 아무것도 할 수가 없어
...

웃었다. 이렇게까지 이별 노래였다니…. 정말
시간이 안 지나가서 불러보고 가사가 기억이
안 나서 찾아본 노래인데 가사가 절묘했다.
나만 시간이 안 지나가는 게 아니구나. 이별
다 똑같다 싶어 웃었고, 나는 이렇게까지
절절하진 않다 싶어 또 한 번 웃었다. '네가
없이 아무것도 할 수가 없다'니, 노래 속
화자는 참 대단한 사랑을 했구나 싶다가도,
난 그렇게까지 깊은 아픔은 아닌데도 왜 이리
아무것도 할 수 없는지 의문이 들었다. 나는
앞으로 '네가 없이' 할 것들을 마구 찾아보기
시작했다. 그러나 어떤 일을 해도 시간은 안
지나갔다. 왜 이렇게 지루한지. 친구들과 가끔

의미 없는 대화를 나누는 단톡방에 메시지를
남겼다.

'시간이 왜 이렇게 안 가냐.'
'이별 원래 이렇게 지루한 건가?'

'너는 남자 없이 사는 법부터 좀
배워야겠다.'
'좋아하는 일을 해.'

좋아하는 일? 좋아하는 일이 뭐지. 취미가
없다는 건 애인이 있을 때도 없을 때도 날

괴롭게 만드는 사실이었다. 나는 지금 내게 주어진 작업을 해야만 했다. 하고 싶지 않은 일을 해야 해서 더 지루한 걸지도. 잡히지 않는 작업을 깔짝이다가 충동적으로 쇼핑을 하기 시작했다. 어제까지 애인이었던 사람의 쿠팡와우 계정을 사용해서 배송비 무료로 기타 스트링과 십자수 바늘을 구매했다. 바늘은 6개 세트에 5,130원, 스트링은 7,000원인데 할인해서 6,130원이었다.

산 것들은 로켓배송으로 도착했다. 십자수 바늘은 일반 바늘과는 다르게 바늘귀가 길쭉하고 끝이 뭉뚝하다. 웬만한 바느질하는 힘으로는 찔리지 않을 정도로 안전하다. 오는 걸 기다리지 못하고 이미 일반 바늘로 십자수를 두고 있었기 때문에, 쓰던 실을 다 쓰고 새로 바늘을 갈아 끼웠다. 손톱 바로 위 살을 자꾸 찔러 피가 한 방울씩 나던 일반 바늘과는 역시 달랐다. 바늘은 매끄럽게 실과 원단 사이를 통과했다. 얼마나 매끄러운지 자주 놓치기도 했다. 그러면 바늘은 실을 매단 채로 달랑달랑 떨어졌다.

기존에도 픽셀 기반의 이미지에는 관심이 있었지만 좋아하던 망돌(역시나 지금은 망돌이

아닌)이 픽셀 그래픽을 내세우며 컴백한 것이
2017년이었다. 해당 아이돌의 팬 한 명이
인터넷에서 그것으로 십자수를 두는 것을
본 것이 화근이었다. 너무 재미있어 보였다.
무엇보다 화면 속에서만 보던 픽셀 이미지를
만질 수 있고, 가질 수 있는 것으로 바꾼다는
것이 가장 마음에 들었다. 나는 여러 가지
픽셀 이미지와 좋아하는 문구를 십자수로
수놓기 시작했다. 그렇게 간간이 십자수를
두며, 스물두 살 때는 학교의 벼룩시장에
'자수합니다'라는 이름으로 직접 만든 십자수
배지를 가지고 나가 판매한 적도
있었다.

내 기타. 1번 줄이 끊어진 게 2023년
봄이었다. 딱 2년이 흘렀는데. 그냥 남은
줄을 가지고 어떻게든 치고 있었다. 사실은
기타가 본가에 한 대, 자취방에 한 대 총 두
대가 있었기 때문에 크게 불편함을 느끼지도
않았다. 그렇게 2년을 방치해왔던 거다.
충동적으로 구매한 기타 스트링을 들고,
헌 기타 줄을 용감하게 풀어버렸다. 그리곤
깨달았다. 기타 줄을 단 한 번도 혼자 갈아 본
적이 없다. 막막했다. 인터넷에 물어보며 용케
기타 줄의 엔드핀도 맨손으로 뽑아버리고,
땀을 뻘뻘 흘리며 줄 교체에 성공했다. 잘
44 된 건지는 의문이었다. 조율이 자꾸 풀렸기
때문이었다. 그냥 기타 수리점에 갈 걸
그랬나, 하는 생각이 든 것은 모든 게 다 끝난
후의 일이었다.

창가엔 시들어버린 프리지아 한 다발이 있다.
잠에 잘 들지 않고 소음과 빛에 민감한 나는,
잠들기 전에 필수적으로 블라인드를 내린다.
시든 프리지아는 낮이 되면 보이고 밤이
되면 가려진다. 의욕은 없고, 남아나는 시간
때문에 누운 채로 여러 가지 깊생(깊은 생각)을
했다. 시간이 왜 남아날까 하는 물음에서
시작된 생각이었다. 시간은 5년여 전으로

거슬러 올라간다. 성인이 되고, 내게는 애인이 생겼다. 일정이 없는 거의 모든 시간을 함께 보냈다. 첫 이별을 겪고 나서는 너무 바빴다. 학기말이었고, 전시를 준비해야 했고, 졸업 작품을 해야 했으며, 그밖에 다른 일도 차고 넘쳤다. 지금처럼 이별에 충분히 아파할 시간이 없었다. 그러니까 이런 생각을 할 기회가 없었다. 그럼 애인과 함께 있을 때는 주로 뭘 했던가. 곰곰이 생각해봤다. 대부분 이야기를 나누거나, 유튜브를 보거나…. 나는 말이 많았다. 이야기만 해도 시간이 훌쩍 지나갔다.

내 애인이었던 사람 중 누군가는 내 말을
하염없이 들어주는 사람이었다. 나는 마음껏
말할 수 있었다. 또 어떤 사람은 나보다 말이
많았다. 정말 말 그대로 얘기만 하는데도
하루가 순식간에 지나갔다. 그러면 애인과
함께 있지 않을 때는? 친구를 만났다. 운
좋게도 내 친구들은 전부 말하는 걸 좋아했다.
친구들과 만나도, 밥 먹고 카페 가서 목이 쉴
때까지 네 시간이고 다섯 시간이고 수다만
떨었다. 친구도 애인도 안 만날 때가 있었을
텐데. 그럴 때는 주로 작업을 했다. 그런데
이제 학교에서 다른 학생들과 함께하는.
그러니까 나는 스무 살이 된 이후로 온전히
혼자만의 시간을 가지지 못했던 거다. 내가
주변인들에게 과도하게 의지하고 있구나.
새삼 깨달았다. 혼자 있는 시간을 버티지
못하는 어른이 되었다.

그러니까 나는 내향인인 주제에 혼자 있으면
우울했다. 그걸 견디기 위해 친밀한 관계에
있는 다른 사람, 즉 애인과 함께 있는 시간을
최대한 확보하려고 했던 것이다. 아마 그도
그래서 나에게 이별을 고했으려나. 어쨌든
사회 속에서 사람들 사이에서 살아가야 한들
인간은 홀로 나서 홀로 떠나는 존재. 이제는

다른 사람에게 의탁하여 내 우울을 덮어
두려는 건 졸업할 때가 되었다는 생각을 했다.
그런데 그게 뭔데, 그거 어떻게 하는 건데….

그맘때 갑작스럽게 친구 A가 전화했다. 가고
싶은 카페가 있으니 나오라는 연락이었다.
마침 남아나는 게 시간이니 냅다 나갔다. A와
늦은 점심을 먹으며 이런저런 이야기를 했다.
A는 자기 이상형은 흔히 말하는 오타쿠라고
했다. 자기가 좋아하는 걸 뚜렷하게 알고
있고, 취향이라는 게 있는 사람. 그렇게
자기의 세상이 뚜렷하게 있는 사람과
함께하며, 두 개의 세계가 결합하고 확장되는
게 좋다고 말했다. 하아. 또 한숨이 나왔다.
듣고 보니 나는 정말 그렇지 않은 사람이란
사실을 확실하게 느낄 수 있었다. 나는 A에게
탄식하며 말을 건넸다.

47

  "나는 좋아하는 게 요즘 없어서 고민이야.
  옛날에는 아이돌이다 뭐다 많이
  좋아했는데."
  "음? 너 나한테 좋아하는 거 있다고
  얘기한 적 있었어."

금시초문이었다.

"너 말하는 거 좋아한다며?"

아하? A는 그게 취미지, 별 게 또 있냐고
말했다. 그런가. 왜 그렇다고 생각해 본 적이
없을까 하고 잠깐 딴생각에 빠졌다가, 다시
A와의 대화로 돌아갔다.

지금 매여 있는 작업 중 한 건으로 교수님과
미팅이 있었다. 미팅 직전, 학교 아무 곳에
그냥 주저앉아 그림을 그리던 나를 수업 듣다
잠깐 강의실 밖으로 나온 친구 B가 발견했다.
그는 반가워하며 말했다. 다음 주 언제, 학교
뒷동산에서 뜨개 모임을 갖기로 했다고. 와서
너는 뜨개질 대신 십자수를 두지 않겠느냐고.
나는 흔쾌히 수락했다. 픽셀아트에 별 재능이
없는 나는 핀터레스트에서 매력적인 도안을
찾는다. 내가 가지고 있는 실과 도안을
대조해 본다. 또 너무 큰 도안은 아닌지
크기를 가늠한다. 십자수는 작은 크기에 비해
생각보다 시간이 오래 걸리는 일이다. 겨우 한
땀을 놓는 데에도 바늘이 네 번이나 지나가야
하기 때문이다. 도안이 너무 크면 완성하기
전에 먼저 지쳐버린다. 이번엔 좋아하는 픽셀
게임의 아이템을 수놓아 볼까. 아니면 F**k
Yeah라고 외치는 주황색 울새를 수놓아 볼까.

뜨개 모임에 참석하기 위해 학교로 향했다.
B는 항상 기본 한 시간씩 늦게 끝나는 수업을
듣고 있었다. 수업은 역시나 두 시간이
더 넘어서야 끝났다. 종강을 맞아 포틀럭
파티가 있었는데, 옆 교실에서 기다리고
있던 내게 교수님이 '너도 파티 함께 하자'며
초대해 주셨다. B가 나와의 약속 때문에
안절부절못하고 있는 모습을 보신 거였다.
결국 뜨개 모임은 다음을 기약하고, 우리는
학교 뒤뜰에 모여 이런저런 대화를 나누었다.
며칠 전 내가 이별했던 그 자리였다. 나는
약간 낯을 가리다가 B의 옆에 걸터앉았다.
기존에 뜨개 모임을 하기로 했기에 가지고
나온 서로의 편물 등을 같이 보며
아쉬운 대로 뜨개질과 자수에
관한 이야기를 나누었다.
주변에서도 하나둘씩 우리의
이야기에 참여하기
시작하며, 전체적인
이야기의 주제가
자연스럽게
'취미'로
흘러갔다.

내가 이런 글을 쓰는 줄 알고 세상이 나를
도와주는지. 취미에 대한 글을 쓰다 보니 점점
내 세상의 중심 주제가 취미로 물들어가고
있었다.

어떤 분께서는, 자기는 뜨개질을 너무 하고
싶은데 손재주가 없어서 망설여진다고 했다.
B가 답하기로는, 자신도 뜨개질을 못했으나
'폐관 수련'을 통해 어느 정도 뜨개를 할 줄
알게 되었다고 했다. 그러면서 덧붙인 말.
"저는 뜨개를 잘할 생각을 안 해요." 못하니까
하는 것이 진짜 취미라고 생각한다며.
그러면서 또, 자신이 못한다는 사실 자체에서
재미를 느낀다고 했다. 감명을 받은 나는 그
말을 메모장에 적어 두었다.

그러면서 생각했다. 내가 취미가 없던 게
아니었다는 사실. 십자수 두고. 기타 치고,
피아노도 지금은 안 치지만 한때 열심히
쳤고. 앞서 말한 망돌 콜렉팅도 취미라고 할
수 있겠다. 요즘은 망돌을 찾아보고 어떤
아이돌의 팬이 되는 행위가 너무 소모적이라
느껴져서 잘 안 하긴 하지만. 언젠가는
노래도 만들었다. 일년 동안 한 달에 한 곡,
총 열두 곡을 쓴 적도 있었다. 역시 이것도

지금은 멈춘 일이다. 노래를 부르는 것도
좋아한다. 이것은 꾸준히 하고 있다. 노래를
부르는 데에는 아무런 준비가 필요하지 않기
때문이다. 운동으로 발레도 한다. 불규칙한
일정으로 인해 자주 가진 못하지만. 한달이나
2주 간격으로 작성하는 블로그도 열렬히 써
올리고 있으며, 인터넷 서핑을 취미라고 하지
않을 건 또 뭐람? 나한테 있어 취미의 기준이
너무 높았던 걸지도 모르겠다.

결론적으로 시간은 흘렀다. 실시간은
끔찍하게 느렸으나, 지난 시간은
순식간이었다. 헤어지고 닷새쯤 지나 얼굴을

봤다. 저녁 식사를 했고 마주 앉아 울었다.
다시 만나기에 감정은 옅고, 당장 헤어지기는
아팠다. 길지 않은 이야기 끝에 우리는
헤어지는 시간을 가지기로 했다. 소식을
전해 들은 한 친구는 좋지 않다고 말했다.
"너무 길게 하지 마. 별로 안 좋아. 너한테도."
친구는 얼른 정리하라며 내 어깨를 두드렸다.
올해까지 정리하려고 했는데…라는 말은
입속으로 삼켰다. 그건 내가 생각해도
'얼른'은 아니었기 때문이었다.

몇 주간의 끈질긴 생각 끝에, 결국 나는

취미에 대해 생각하기를 그만두기로 했다.
취미의 정의에 대해 생각하는 것도 그만,
내가 취미가 없다고 생각하는 것도 그만,
내 취미가 뭐가 있는지 정리하는 것도 그만.
충분히 많이 고민했다. 어쩌면 과도했을지도
모른다. 적당히 내려놓는 법을 배워야겠다고
생각했다. 어쩌면 깊은 생각을 하는 것마저
내 취미일까? 과도한 생각을 여전히 내려놓지
못하며 생각했다.

아직 따스해지지 않은 봄날의 새벽바람을
맞으며 덜덜 떨던 이별의 날로부터, 시간이
흘러 이제 반소매 옷을 걸칠 수 있는 정도의
날씨가 되었다. 아직도 나는 잠이 안 올 때
만나던 사람에게 가끔 전화를 건다. 그는 두
번 중 한 번을 받는다. 나는 듀오링고 학습
과정에 새로 프랑스어를 추가했다는 말
따위를 하고, 그는 오늘 갔던 바의 음감회가
어땠는지 따위를 얘기한다. 그는 내게
혼자 있는 연습을 하라고 한다. 그럼 나는
하고 있다고 한다. 그러고는 서로에게 잘
자라는 말을 건네며 전화를 끊는다. 조금
건조하고 많이 이상한 관계다. 아무래도
글을 마무리하지 못하는 건, 아마 모든 것이
마무리되지 않은 탓이리라.

여름의 맛 | 이유주

오월의 수박보다는 팔월의 숲에서 따먹는
링곤베리가 좋아요.
아이스아메리카노를 마시며 이런저런 걱정을
하지만 친구들과 함께 타코를 접으며 서로
의지하며 달래보고 있어요.
지구는 둥그니까 자꾸 걸어나아가요.

들어가며

고창은 처음이었다. 내게 고창은 그저
수박이었다. 부끄럽게도 그 이외의
상식은 전무했다. 이렇게나 나는 지역에
대한 지식과 관심이 부족했다. 원래는
구례에 갈 예정이었다. 바쁜 와중에
어렵게 시간을 낸 일정이라 여느 주말과
같이 도시에 머무르고 싶지 않았다.
그렇게 해리를 만났다. 해리로 가다
보니 그곳이 고창이었다. 동백이 유명한
선운사를 둘러보고 생태공원에서 그렇게
바라오던 개구리도 보고 수많은 고인돌도
마주쳤다. 그 와중에도 내 생각은
계속해서 수박에 머물렀다. 내 마음속
수박의 도시에서 수박 꼭지 하나도 만날
수 없었지만 해리에서 맞이한 따스한
햇살도 수박을 생각나게 했다. 그렇게
나는 오월에 먹었던 수박으로 시작해
한 달, 한 달 여름의 기억을 모아 유월의
아이스아메리카노, 칠월의 타코, 팔월의
링곤베리 이렇게 네 가지 맛을 추려 나의
순간과 생각을 모았다. 이 맛이 계속
이어지길, 앞으로의 우리의 여름에도
함께하길 바라는 마음을 담아서!

Part 1. 오월의 수박

오월의 아이인 언니는 크게 욕심이 없는 사람이었다. 매년 생일 즈음이 되면 필요한 것 없냐는 나의 질문에 언니는 항상 망설임도 없이 "없어~ 맛있는 거나 먹자!"라고 했다. 사실 이 대화의 흐름은 나도 엄마도 아빠도 그랬다. 어느샌가 우리 가족은 아침엔 미역국을, 저녁엔 외식을 하고, 케이크에 노래를 부르며 서로의 시간을 공유하는 것을 생일 선물이라고 여기고 있었다. 그래도 매년 서로의 생일이 되면 물어봤다. "뭐 갖고 싶은 거 없어?" 몇 해 전 오월에도 나는 언니에게 같은 질문을 했다. 같은 대답을 기대했고 어딜 가면 좋을지 음식점을 알아보던 중이었다. 이번에도 없겠지 예상하면서도 혹시 언니가 뭐라도 갖고 싶다고 말한다면 그게 뭐든 내 세상 하나뿐인 언니의 생일을 위해 멋진 선물을 준비해 줄 마음의 준비는 단단히 하고 있었다. 그런데 언니의 입에서 기대와 다른 말이 흘러나왔다.

"나 수박 먹고 싶어. 크고 맛있는 수박."
"수박? 수박…? 수박?!!"

예상치 못한 상황이었다. 없다고 하지 않을
것도 예상하지 못했고, 수박이라니 더
예상하지 못했다. 나는 몇 번이나 되물었다.
언니가 원하는 것은 정말 그 수박이었다.

수박의 제철은 언제야? 즐겨 쓰는 AI에게
물어보았다.

> 수박의 전통적인 제철은 7・8월이지만 요즘은
> 4월 말부터 맛있는 수박을 즐길 수 있습니다.
> 그래도 가장 맛있는 시기는 여름 한가운데인
> 7・8월입니다.

전통적인 제철이라니, 사뭇 어색한
단어이지만 이해는 되는 말이다. 이제는
흙먼지도 날리지 않는 스마트팜에서 온도와
바람도 통제하는 세상에 제철이라는 말에는
어떤 의미가 남을까. 나의 질문을 반성하게
하는 답변이었다.

나에게 수박은 한여름의 과일이었다. 가끔
퇴근길에 시장을 지나다 합리적인 가격대의
수박 더미를 만나면 똑똑 똑똑 이 수박 저
수박 두들겨본다. 꼭지가 싱싱하고 상처
없고 예쁜 풀색에 짙은 초록색 줄무늬가

선명하고 고르게 펼쳐져 있는지 이리저리
두리번거리며 확인해본다.

눈길이 가는 수박 중에 청아한 소리로
응답하는 수박을 두 손 모아 들어본다. 같은
가격의 수박 중에 가장 크고 무겁나, 나
이거 들고 갈 수 있나, 몇 번을 들어본다.
그래도 가장 중요한 건 청아한 응답이다.
똑똑 똑똑 오른손 가운데 손가락 마디에
멍이 들어도 개의치 않는 사람처럼 이 수박
저 수박 여기저기 연신 노크를 해댄다.
사장님이 지켜보면 제지당할 것만 같아 살금
눈치를 보는 것도 잊지 않는다. 시장에서
수박 더미를 만나는 그 시기는 '전통적인'

수박의 제철이었다. 제철의 의미가 많이
모호해졌다고는 하지만 그나마 냉장 시설이
없는 시장에서 제철 과일이나 제철 채소를
만나볼 수 있다.

물론 마트에서도 수박을 만난다. 반으로
혹은 그보다 더 작은 크기로 잘라져 빨간
속내를 보이며 랩으로 칭칭 감겨 있다. 근데
왜인지 손이 가지는 않는다. 우선, 우리 집과
언니네 가족을 합치면 수박 한 통쯤 먹어낼
수 있는 나름의 인원이 준비되어 있었기에
굳이 조각으로 구매할 필요가 없다. 요즘은
파인애플 친구처럼 네모 모양으로 잘라
플라스틱 용기에 담겨 투명한 비닐로 덮인
먹기 좋은 수박도 있다. 얼마나 새빨간지,
씨가 어느 정도 분포되어 있는지 볼 수
있어서 좋은 면도 있을 텐데. 1인 가구에겐
좋은 마케팅이지 하고 타겟 고객에서 한 걸음
빠져 나와본다. 카페에서는 수박 주스로서
수박을 만난다. 여름이 시작되고 몇 번의
시도를 해보았지만 아직 마음에 드는 수박
주스를 만나지는 못했다. 수박이 들긴
들었겠지만 설탕인지 시럽인지 자연스럽지
않은 맛이 많이 나서 수박의 참맛을 기대한
나에겐 배신의 반복이었다.

깊이 생각해보면 그 가격에 진짜 수박
과즙을 원했다니 소비자의 욕심이 과했다.
문득 다양한 과일을 바로 갈아주고 가격도
저렴했던 생과일 주스 체인점 쥬씨가
그리워진다.

언니가 갖고 싶은 수박은 과일왕의
수박이었다. 그 시기에 언니가 동네에
좋아하던 과일집이었다. '과일왕'이라는
원초적인 이름을 가진 그 과일집의 과일은
한 번도 실패하지 않았다고 했다. 이름에
걸맞은 행보였다. 맛없으면 환불을 보장하는
자부심 넘치는 마케팅에 각 시기의 제철
과일들을 엄격한 기준 하에 떼어와 예약
판매를 진행하는 것도 매력 포인트였다. 사고
싶어도 살 수 없는 일이 반복되면서 언니는
과일왕에 홀려 무한 애정과 신뢰를 갖고
있었다. 상식적인 선의 수박 가격보다는 훨씬
비쌌지만, 제철이 아닌 것을 감안하면 나쁘지
않은 가격이라고 생각할 수 있었고, 과일왕의
수박이라면 맛은 의심할 여지가 없었다.
생일 선물이라는 구실로 충분히 도전해 볼
만한 수박이었다. 그리고 언니의 3인 가구가
감당하기에 수박은 좀 크지만 우리가 모두
모여 6명이 되면 싱싱한 시기에 맛있게 먹을

수 있었다.

오월의 우리 집에 모였다. 언니가 과일왕에서
수박을 예약 주문하여 사오고 나는 언니에게
수박값을 줬다. 과일왕에서 온 수박은 그물
모양의 줄이 아닌 꽤 탄탄한 박스에 들어
있었다. 내가 배워온 대로 꼭지가 싱싱했고
줄무늬가 선명했고 똑똑 두들기면 청아한
소리를 내었다. 역시 과일왕의 수박은 품질이
좋은 것 같았다. 선선히 바람이 불던 날,
선풍기는 아직 꺼내지도 않았던 그 5월 초에
우리는 옹기종기 모여 앉아 츄릅츄릅 수박을
먹었다. 맛있었다. 수박이 맛있지 뭐. 그 돈
주고 샀으니 맛있어야지, 사실 내 마음의
소리는 조금 궁시렁거리고 있었다. 제철도
아닌 봄의 끝에 왜 이렇게까지 수박을 먹어야
하는지는 공감하지 못했지만 언니 생일
선물이라는 이유로 달래며 맛있게 먹었다.

그해의 여름 수박은 왕 수박도 2만 원 정도면
살 수 있었다. 언제나의 여름처럼 그해에도
우리의 여름 곳곳에 빨간 수박이 있었다.
그런데 돌이켜 생각해보면 5월의 수박이 가장
맛있었던 것 같다고 종종 생각했다. 오히려
한여름의 수박은 속이 좀 푸석하고 과즙이

탄탄하지 않다고 생각한 경우도 있었다.
너무 달기만 한 수박은 싱겁게 느껴지기도
했다. 자본주의 사회에서 5만 원짜리와 2만
원짜리를 비교하는 것 자체가 어불성설일
수도 있고 기분 탓일 수도 있다. 어쨌든
그해의 수박들은 오월의 수박을 기준으로
그렇게 잘 나지 못했던 것으로 기억하고 있다.

올해의 첫 수박은 광주에서 먹었다. 5·18
전야제 행사 다음 날 숙소의 조식에 수박이
있었다. 그냥 맛있는 수박이었다. 조식
뷔페에 먹을 것이 많아 수박의 위상이 그리
높지는 않았다. 생각해보니 올해의 첫 수박도
오월이었다.

몇 해 전부터 매년 올해가 가장 시원한
여름일 거라고들 한다. 매년 더워지는
것이 과학적으로 분명해졌다는 사실이다.
올해의 수박은 한여름에 성장할 수 있을까,
무더위에 지쳐 푸석해지지는 않을까. 이러다
우리에게 하우스수박밖에 남지 않는다면,
하우스수박도 너무 더워 스마트팜 빌딩에서
만들어지는 수박만 남는다면, 세상 수박이 다
5만 원이 되어 한 조각씩 아껴 먹어야만 하는
여름이라면, 생각해보니 제법 공포스럽다.

Part 2. 유월의 아이스아메리카노

나의 부모님의 고향, 나의 할머니 할아버지가
살던 곳, 그리고 사촌동생들이 살고 있는
남해의 햇살은 서울의 햇살과 다르다.
오존층이 파괴된 호주의 햇살 느낌에
가깝달까. 바닷바람을 품고 있지만 위도상의
온난함이 있다. 도시에서 나고 자란 나는
도시의 번잡함으로부터 탈출하고 싶을 때
남부터미널에서 남해행 버스를 탄다. 두
시간이 지나 인삼랜드, 또 두 시간이 지나
진교터미널 그리고 20분 남짓 더 가면 나의
남해에 도착한다.

62

이따금 남해에 가면 비어 있던 집과 방치된
텃밭을 돌보고 옆집 강아지와 산책을 한다.
집안의 먼지를 털어내고 텃밭의 잡초를
뽑는다. 노란 꽃봉오리를 맺은 식물이 너무도
많아 혹시 엄마가 일부러 심어 놓은 채소가
아닐까 싶어 영상통화를 걸어본다. 남해에서
'소불'이라는 이름으로 불리는 부추는 언제나
그곳에 있다. 사시사철 적당히 자라나
적어도 부추무침 정도는 만들어 먹을 수
있도록 식재료를 제공한다. 저번에 엄마가
심고 간 열무가 꽤 많이 자랐다. 빽빽이
자라난 열무를 솎아 옆집에서 주신 상추와

샐러드를 만들어 본다. 앞마당도 뒷마당도
바람에 날려온 대나무잎과 언덕에서 떨어진
낙엽들이 푸득인다. 할아버지가 나뭇가지를
엮어 만들어 놓은 내 키만 한 빗자루를 들고
쓸어본다. 안 하던 일을 하다 보면 금세
땀이 삐질삐질 흐르고 허리가 아프다. 해가
중천에 뜨면 뜨거운 태양과 후끈거리는 공기
속에 아무것도 할 수 없다. 집으로 들어와
마룻바닥에 몸을 찰싹 붙이고 누워 장판의
한기를 느껴본다. 아침저녁으로 지저귀던
새들도 조용하다. 우리 모두 함께 시에스타를
즐기나 보다. 그렇게 한숨 자고 나면 간절히
생각나는 맛이 있다. 아이스아메리카노.
카누로는 부족하다. 읍내에 가야겠다.

남해에는 스타벅스는 없고 투썸이 있다. 내가
사는 도시에는 한 블록에 스타벅스가 세 개
있는데 남해에는 단 한 개가 없다. 스타벅스
쿠폰으로 부담 없이 적당한 마음을 전하던
시절이 있었다. 아쉽게도 우리는 여전히
그 시절을 살고 있긴 하다. 어쨌든 그렇게
적당한 마음을 보내던 누군가는 몰랐던
것이다. 그렇게도 도시에 흔한 스타벅스가
없는 곳에 사는 사람도 있었다. 사실 그 덕을
내가 봤다. 사촌동생들은 누군가로부터의 그

적당한 마음을 받을 때면 내게 보내주었다.
그렇게 쿠폰을 받으면 나는 치킨집 쿠폰으로
보답하곤 했다. 근데 그마저도 읍내에 있는
브랜드인지 확인해야 했다. 있어 본 적도
없는 스타벅스, 사라진 페리카나, 떠나는 인구
그리고 지역 소멸은 너무 가까이 드러나 있다.

텃밭에 빽빽이 자라난 열무처럼 힘없이 살던
나는 남해에 오면 꼿꼿하게 자리 잡은 옥수수
새싹이 되는 것처럼 느껴진다. 커다란 집을
혼자 가꾸며 자연에 녹아든다. 그 순간이 좋아
남해를 항상 그리워한다.

자주 남해에 가지 않아서일까, 사촌동생들은
나를 만날 때 언제나 온 마음을 모아
반겨준다. 뭐라도 주려고 찾아보고,
있는 것 중 가장 맛있는 것, 가장 좋은
것을 주려고 한다. 우리는 읍내에서
가장 크고 비싼 투썸으로 갔다. 밭일의
더위를 머금은 나의 선택은 망설임 없이
아이스아메리카노였다. 얼음이 찰랑찰랑하게
담긴 아이스아메리카노를 벌컥벌컥 마시고
싶었다. 우리는 투썸에서 플라스틱 컵에
음료를 테이크아웃하고 그리 멀지 않은
거리지만 차를 타고 함께 사는 고양이

이후추를 보러 할아버지 없는 할아버지
집으로 간다. 한 김의 더위가 가시고 홀짝홀짝
'아아'를 마신다. 아빠가 어린 시절을 보내고
할아버지 할머니의 마지막 순간까지
살아왔던 집의 가운데에는 작지도 크지도
않은 정원이 있다. 할아버지는 오랜 시간 그
정원을 가꿔왔다. 지금은 아이들이 텃밭으로
쓰고 있지만 동백나무와 무화과나무가
예전의 모습을 간직하고 있다. 우리는
중간마루의 창가에 앉아 커피를 마셨다.

내 손에 시원한 커피, 한 뼘 옆 아이스박스,
한 발짝 앞의 이후추, 창밖 무럭무럭 자라고

있는 토마토 모종, 정원을 둘러싼 동백나무들,
왼쪽 끝에 모여 있는 무화과나무들. 정원의
끝까지 켜켜이 쌓여진 경관의 시작에 내가
놓여 있었다. 후추는 까만 고양이이다.
새까만 고양이이다. 구슬을 빼다 박은 듯
눈은 아름답고 코도 예쁘고 발도 귀엽다.
마녀 배달부 키키의 한 장면처럼 창가에
다소곳하게 앉아 꼬리를 이리저리 흔들어
보이는 후추의 뒷모습을 보면 어여쁜
앞모습을 보지 못하는 게 아쉽지 않을 정도로
매우 귀엽다. 아이들은 토마토 따 먹으러
또 오라고 했다. 이 햇살 속에 빨갛게 익어

달콤한 토마토 맛이 생각나 살짝 침이 고였다.
정원을 둘러싼 동백나무에 시선이 멈춰진
내게 사촌동생은 말했다.

"가장 좋은 동백나무가 겨울 지나고
죽었어."
"아이구, 아까워서 어떡해."

딱히 쓸 것도 아니면서 나도 모르게 아깝다는
표현이 나왔다. 오히려 그 나무와 함께 살아온
아이들은 크게 아쉽지 않다고 했다.

"무화과나무도 하나 죽었어. 올해 무화과
못 먹을 것 같아."

무화과를 못 먹는다니 청천벽력 같은
소식이다. 할아버지 집 무화과를 맛보게 된
것은 성인이 되고 나서였다. 학교를 다니던
시절엔 방학 때만 남해에 갈 수 있었고,
무화과의 계절과 마주쳐 보지 못했다.
무화과나무에서 무화과를 바로 따면 우유
같은 진액이 흐른다. 혹시 개미가 있는지 잘
보아야 한다. 무화과를 맛보는 것은 생각보다
무척이나 어려운 일이다. 대체로는 개미가
먼저 오거나 가장 맛있던 순간 새가 한입

쪼아 먹는다. 특히 첫 번째로 열리는 무화과는
주먹만 하게 크다던데 나는 여태 실물로
본 적이 없다. 때에 맞춰 나무를 찾은 사람
혹은 새나 곤충만이 누릴 수 있는 특권이다.
종종 무화과 철이 끝나기 전에 남해에 온
나를 위해 사촌동생들은 냉장고에 모셔
두었던 무화과를 꺼내어 주었다. 껍질을 깔
것도 없다. 한입에 먹는 것이 사치스러워
반을 쪼개 붉은 단면을 보고 소중히 입에
넣는다. 무화과의 표면을 이빨로 가르면
부드럽고 과즙이 풍성하게 뿜어져 나오고
무화과 안의 꽃들이 오돌도돌 혀를 감싼다.

인공적인 느낌이 전혀 없는 천연의 단맛과
깊은 향긋함이 가득 찬다. 입술에 끈적함이
남아 싱싱함을 증명한다. 그런 무화과를
주던 나무가 죽어 베어 버렸다니, 하나의
나무도 올해는 온전할지 모르겠다고 하니
그 안타까움은 동백나무의 소식을 들었을
때와는 또 달랐다.

나는 무슨 말을 해야 할지 골라보았다.
과실나무도 수명이 있다더라, 사과나무도 한
번씩 다시 심는 거래, 지식을 동원하여 무슨
말이라도 해보았다. 마음이 슬픈데 누구를
탓할 수도 없고, 안타까워할 자격이 있는지도

고민이 되었다. 우리는 그저 우리들의
아빠들에 대해 이야기하며 며느리들 같은
대화를 나누었다. 꽤 먼 곳에서 지내며 아주
가끔 만날 뿐이지만, 서로를 깊이 애정하며
못할 얘기가 없는 아이들과의 대화 시간에
죽어버린 나무들만 걱정할 수는 없었다.
코록코록 빨대 끝이 보이고, 커피의 바닥이
드러난다. 할아버지 집을 나서며 상추에
벌레가 많아 먹을 게 없었다는 이야기를
들었다. 잘려 나간 동백나무와 수줍게 작게
맺힌 몇 개의 무화과를 눈으로 밟으며 대문을
나섰다.

다시 빈 집에 돌아와 장판에 온몸을 맞대고
홀짝거리던 아이스아메리카노를 그리워하며
상추와 동백 그리고 무화과를 떠올린다.
상추를 양보해야 했던 그 곤충들은 어쩌면
이 기후 변화와 함께 성행하고 있는 것은
아닐지, 겨울을 버텨온 동백나무는 왜 갑자기
죽었을까. 갑자기였을까? 다른 동백나무들은
괜찮은 걸까? 어쩌면 내가 집을 나서며
본 무화과 열매가 할아버지 집의 마지막
자손들은 아닐까? 내가 남해에서 소중하게
즐기던 것들이 사라져감을 실감하며, 마음이
서늘해짐을 느낀다.

Part 3. 칠월의 타코

지난 여름, 동창회에 갔다. 스웨덴에서
지속가능성 과학자로서 연구를 이어오다
한국에 돌아온 지 4년 만이었다. 마지막
학기에는 코로나의 혼란 속에서 1년 동안
준비해오던 졸업식도 할 수 없게 되었고
몇몇은 작별 인사도 제대로 하지 못한 채
각자의 나라로 돌아가게 되었다. 그렇게
아쉬운 이별을 했던 우리가 무려 4년 만에
다시 스웨덴에서 만나게 된 것이다.

월요일까지 근무를 하고 수요일에 비행기를
탔다. 개인 짐은 최소화하여 백팩에 차곡차곡
챙겨 넣고, 큰 캐리어에 28킬로 가득 한국
음식을 채워 넣었다. 이번 여행을 위해
준비한 것은 코펜하겐으로 향하는 비행기표,
부다페스트에서 한국으로 돌아오는 비행기
티켓뿐이었다.

몇 번의 해외여행을 갔지만, 이번 여행은 좀
달랐다. 남부터미널에서 남해행 버스를 타러
가는 것과 오히려 비슷했다. 그곳에 도착하면
날 맞이할 친구와 공간이 있고, 추억이
있었다.

4년 만에 다시 온 코펜하겐 공항은
그대로였다. 학교로 향하는 플랫폼도
그대로였다. 조금 달라진 것은 스웨디시
신분증이 아닌 여권을 가지고 입국 심사를
했으며 스위시(계좌 이체 시스템)가 없다는
것 정도였다. 룬드 옆 근처에 사는 친구
집에 짐을 풀어두고 나의 베프, 하냐를
만나러 갔다. 오랜 전통을 가진 우리 학교는
4년이 지나서도 크게 바뀐 게 없었다.
공사 중이던 트램이 운행 중이라는 점이
달라졌다. 오랜만에 유럽에 온 내게 하냐는
뭐든 말하라고 했다. 아무리 고민해도 나의
스쿨푸드, 팔라펠이었다. 고등학교 가서

71

떡볶이를 먹듯, 나는 하냐와 팔라펠을 먹었다.
캠퍼스의 익숙한 벤치에 앉아 하냐와 소소한
일상의 대화를 나누며 팔라펠을 먹는데
우리의 4년이 실감나지 않을 정도로 우리는
그대로였다.

다음 날 동창회에 같이 갈 친구들을
말뫼역에서 만났다. 그냥 어제 만난 애들처럼
만났다. 언제나 그랬듯 애정 가득한 포옹을
나누고 이런저런 이야기를 나누며 버스를
타고 또 버스를 탔다. 숙소가 숲속에 있어
택시 같은 것을 예약한 듯했는데, 예약해둔

차에 자리가 부족해 짐만 보내고 우리는
한참을 걸었다. 한 시간을 넘는 거리를
걸어갔지만, 한시도 지루하거나 심심할 틈은
없었다. 할 얘기는 너무 많았고, 햇살은 좀
따가웠지만 공기는 시원하고 맑았다.

하나둘 숙소에 도착해 마음에 드는 침대를
골라 잡았다. 복잡하게 생긴 기역 자 모양의
2층짜리 큰 건물엔 세 개의 침실이 있었고
50여 개 침대가 있었다. 넓은 주방과
커뮤니티 공간도 있었다. 우리는 자연스레
짐을 풀고 삼삼오오 풀밭에 모여 앉았다.
그리고 자연스레 호수에 갔다.

걸어서 한 시간 거리에 있는 호수에 우리는
매일 갔다. 수영을 즐기는 아이들은 하루에
두 번을 가기도 했다. 수영을 못하는 나는
카누나 카약을 타거나 물가에서 물장구를
치고 풀밭에서 뒹굴며 함께 이야기하고 먹고
마시고, 음악을 들었고 요가를 하고 춤을 추고
책을 읽었다. 우리의 정해진 일정은 매일 세
끼를 먹는 것이었다. 밥을 준비하는 팀, 밥을
차리는 팀, 밥을 치우는 팀 그렇게 서로의
일을 나눠 맡았다. 모든 것이 자연스러웠다.
꼭 해야 하는 것은 무엇도 없었다. 그 누구도

서두르지도 조급해하지도 않고 그곳의 모든
상황은 원활하게 흘렀다.

네 번의 밤을 지나며 우리는 눈을 떠서부터
잠드는 순간까지 무엇이든 계속 나누었다.

지난 시간 동안 경험했던 어려움과 앞으로의 걱정도, 희망도 나누었다. 어쩌면 우리는 각자의 자리에서 느꼈던 외로움으로부터 애틋함이 있었는지도 모르겠다. 나 역시 지속가능성 과학이라는 분야가 존재하지도 않는 한국에서 청년 기후 단체를 운영하며, 연구 모임을 하며 분명 비슷한 가치관을 가졌다고 생각했음에도 어렵게 설득해야 하는 순간들의 반복에 지쳐가고 있었던 것 같다. 환경적 연구를 했던 우리가 세상을 보는 렌즈는 어딘가 닮아 있다.

서로 가치관이 꼭 동일한 건 아니지만 복잡성을 이해하고 다양성을 수용하는 그 방향성은 함께 공부하는 동안 어느 정도 맞춰 갔는지도 모르겠다. 우리는 대체로 포용적이고 열려 있으며 세심하고 깊이 있다. 척하면 척인 친구들과 대화를 한다는 것은 그 자체로도 이미 힐링이었다.

그 순간들은 국제 지속가능성 관련 직종을 모아놓은 잡페어 수준이었다. 아이비리그의 대학에서 연구하고 있는 박사, 알 만한 국제 회사에 재직 중인 친구들, 국제 환경 단체의 활동가, 세계적인 ESG 지표 연구자, 대학,

회사, 지자체의 지속가능성 관련 부서에
근무하는 친구들, 더 깊은 연구를 시작한
친구들, 여전히 준비를 하고 있는 친구들,
아이의 엄마가 된 친구들. 우리는 그때도
지금도 참으로 다양했고, 보태준 것도 없는
나는 내 자식마냥 그들을 지켜보기만 해도
뿌듯한 감정이 들었다. 각자의 역할을 해내며
하는 고민들과, 앞으로의 세상에 대한
걱정들을 함께 나누는 모든 순간의 우리는
진솔했다.

서로 진솔할 수 있는 사람이 많다는 것은
참 소중한 일이다. 우리는 학창시절을
함께했고 어느새 같이 나이 들어가고 있었다.
우리는 이제 많은 술을 필요로 하지 않았다.
적당히 마시고 적당한 순간 잠에 들었다.
혈기왕성하게 비건을 외치고 비행기를 절대
반대하던 친구들이 비행기를 타고 스웨덴에
돌아왔다. 우리는 세상과 소통하며 각자의
방법을 찾아갔다. 그렇게 우리는 조금
둥글어진 채로 다시 만난 것이다.

우리의 마지막 밤을 함께한 저녁 메뉴는
타코였다. 타코는 한국의 비빔밥과 비슷한
것 같다. 정해진 재료는 없다. 밥과 소스,

취향대로 준비한 각종 나물, 여유가 된다면
계란 프라이를 올려 완성하고 마음껏 재료를
혼합하여 비빔밥이 되듯이 타코 또한
또띠아를 기본 재료로 해서 각자의 취향에
맞는 소스를 다양하게 준비할 수 있고 안에
넣을 재료들은 무궁무진하다. 물론, 넣는
양도, 조합도 모두의 마음껏 할 수 있다.
27개국에서 온 62명의 우리 루메스 친구들의
조합도 타코와 비슷했는지 모르겠다.
또띠아를 데우고, 양상추를 도톰하게 채
썰고 토마토와 양파를 작은 주사위 모양으로
자르고 각종 채소와 버섯을 시즈닝에 볶았다.

76

비건 치즈를 준비하고 여러 소스를 곁들였다.
파스타, 미트볼, 콩 수프 등에 비해 타코는
오랜 시간 불 조리가 필요하지 않았다.
또띠아를 한 번씩 굽고 오븐에 넣는 작업들은
꽤 땀이 날 수 있는 일이긴 했지만, 야채를
볶는 것 말고는 크게 불을 써야 할 일은 많지
않아 여름 요리로 꽤 좋았다. 사실 그곳의
밤은 그렇게 덥지는 않았지만 말이다. 채소와
버섯도 마음대로 선택한다. 가지, 양파, 호박,
파프리카 등을 많이 쓰지만 그냥 그 시기에
많은 것을 쓴다. 타코를 먹기 위해 볶아 놓은
채소에 나는 당면을 삶아 아이들에게 잡채를

사이드로 제공했다. 각국의 음식을 경험하며
느끼는 것은 인류의 보편성인지도 모르겠다.
우리는 그렇게 보편적인 친구들이었다.
지속가능성 과학을 환경적으로 연구하며
성장해온 우리는 각자의 영역에서 빛을 내고
있었다.

Part 4. 팔월의 링곤베리

다른 계절로부터의 갈증을 해소하듯 스웨덴
사람들은 여름의 태양을 간절히 기다리고
가능하면 오랜 시간 해를 누리려고 노력한다.
정말 노력을 한다. 그들은 여름을 찾아
더 뜨거운 해변으로 떠나거나, 더 자연과
가까운 숲속으로 들어간다. 꽤 많은 친구들이
도시의 집 이외 숲속에 여름집을 두고 긴
휴가를 즐기곤 한다. 여름집이라고 하지만
겨울에도 그곳에 머문다. 곰곰이 생각해보면
Second House의 개념인데 기어이 Summer
House라고 말한다. 이 또한 스웨덴 사람들의
여름 사랑을 보여준다.

친구 프레야의 여름집은 삐삐의 도시
비머비(Vimmerby) 가까이에 있다. 애시빅
(Aspvik)이라는 이름의 작은 마을 같은
느낌인데 몇 채의 건물과 더불어 호수와
숲도 포함하고 있다. 몇 번의 여름을 함께
보낸 애시빅에서 나의 집은 가장 귀엽고
사랑스러운 오두막이다. 위층에 침대가 놓여
있고 아래층엔 냉장고와 테이블, 소파가 있다.
오두막 뒤로는 숲이 있고 앞으로는 애시빅의
너른 풀밭이 있다.

Äspvik
Das kleine Häuschen

프레야의 부모님 빌리와 울리케는 내가
배고파지면 큰일날 것처럼 계속 먹을 것을
주었다. 우리의 오두막 테이블 위에 갖가지
과자와 빵이 놓여 있었고, 서로의 언어는
서툴렀지만 내가 도착하자마자 이곳에
머무는 동안 가능한 식단을 소개해 주셨고
매일의 아침, 점심, 저녁 먹는 시간을 안내해
주었다.

가장 먼저 해를 만날 수 있는 공간에서
우리는 아침 식사를 한다. 주방으로부터
3분 정도 걸어가야 하는 거리였는데 매일
아침 피크닉 바구니를 바리바리 들고 우리는
언덕을 올라 아침 테라스를 향해 갔다.
그렇게 아침부터 해를 맞이하며 비몽사몽
하루를 시작했다. 저녁을 먹는 공간은 두
곳이 있었다. 실내에도 공간이 있지만 최선을
다해 야외를 즐겼다. 웬만한 폭우에도 우리는
야외에서 저녁을 먹었다. 피자를 구워주던
빌리에게 우산을 씌워주고 우산 아래로
피자를 옮겨와 파라솔 아래에서 피자를
먹었다. 실내에 있는 것은 뭔가 낭비하는
기분이었다. 우리는 그렇게 자연의 공기를
만끽하고자 했다.

농부의 손자인 나는 스웨덴에 있던 시절부터
머쉬룸 피킹과 베리 피킹에 관심이 컸다.
친구들과 작정하고 머쉬룸 피킹을 떠난
적도 있는데 전문가가 부재하여 실제로
버섯을 따오지는 못했고 베리 피킹은 시기가
안 맞아 제대로 즐겨본 적이 없었다. 이
계절에 여름집에 온 것이 처음이었기에,
나는 이번에 이곳에 머물며 하고 싶은 일로
머쉬룸 피킹과 베리 피킹을 이야기했다.
여름집에 가며 피킹 노래를 불렀던 나는
애시빅에 도착하자마자 노래를 부를 일이
아니었다는 것을 알게 되었다. 베리가
'지천'에 깔려 있었다. 지천이란 단어를 이럴

때 쓰는 것이구나 싶었다. 발 닿는 곳마다
베리가 있었다. 링곤베리가 가장 많았고
블루베리와 라즈베리도 있었다. 조금 거닐며
열매를 모으면 아침에 먹을 요거트에 넣어
먹을 만큼 충분했다. 블루베리와 라즈베리
시즌은 끝나던 중이라 가장 많은 것은 새빨간
링곤베리였다.

링곤베리는 사랑의 열매같이 생긴 열매이다.
다른 베리류에 비해 조금 신맛이 강한 편이라
그런지, 과일 그 자체로 먹기보다는 잼을
만들어 먹는다. 스웨덴의 대표 음식이라고

할 수 있는 미트볼에 곁들여 먹는 것으로
유명하다. 링곤베리를 생으로 먹은 것은
처음이었다. 첫 링곤베리는 눈 뜨고는 먹을 수
없었다. 자꾸 눈이 감겼다. 못 먹을 새콤함은
아니었지만 즐겨 먹을 새콤함으로부터
거리감이 있었다. 최고의 빨강으로 익어 조금
말랑해진 링곤베리는 그렇게 시지 않았다.
당당히 두 눈을 뜨고 먹는 링곤베리는 꽤
달콤했고 신맛은 적당히 입맛을 돋우는
상큼함이었다.

링곤베리 피킹은 호수 산책의 루틴이
되어 갔다. 호수 근처 몇 개의 링곤베리
군락지를 들러 가장 빨갛게 익은 링곤베리를
골랐다. 처음엔 달콤한 링곤베리를 신중히
찾으면서도 많이 먹고 싶은 마음에 좀 덜
익은 것 같은 링곤베리도 따보았다. 그리고
며칠을 그곳에서 지내며 햇살이 좋은 날엔
내일 더 맛있어질 링곤베리를 기대하고,
어차피 다른 군락지에 또 링곤베리가 많을
테니 섣불리 덜 익은 링곤베리를 딸 필요가
없어졌다. 지천으로 널린 링곤베리에 나는
욕심을 잃었다. 오히려 하루가 지나 더
익어갈 링곤베리를 생각하며 오늘의 수확을
양보했다.

두둥! 이것이 그 말로만 듣던
지속가능성인가?! 브룬트란트 보고서상
정의에 따르면 지속가능성은 현재 세대의
필요를 충족시키면서도 미래 세대가 그들의
필요를 충족할 수 있는 능력을 저해하지
않는 범위 내에서의 발전을 의미한다. 내일

먹을 링곤베리를 오늘 남겨두는 이 마음이
지속가능성의 시작점이 아닐까? 생각해보면
내가 지속가능하게 링곤베리를 수확할 수
있던 데는 몇 가지 요인이 있다. 첫 번째로는
사람도 동물도 나의 링곤베리 경쟁자가
없었고 두 번째로는 나는 그날 내 입에
넣을 것만 필요로 했기에, 많은 링곤베리가
필요하지 않았다. 그리고 마지막으로 이
두 가지 사실을 내가 알고 있었다. 우리가
지속가능성 이슈를 쉽게 해결할 수 없는 것은
미래 세대와 현재 세대를 구분해 두고 서로의
필요도 모르고 능력도 모르면서 모호하게
양보하려는 불확실성에 있다. 그 불확실성에
세계는 요동치며, 누군가는 기술로 미래
세대의 능력을 크게 평가하며 마음껏
현재의 자원을 활용하고 누군가는 미래
세대를 어리숙하고 부족한 세대로 정의하며
기성세대의 기준에서 가르치기에 급급하다.

지속가능한 링곤베리 수확을 하며 세대
구분부터 사라져야 한다는 생각이 들었다.
적어도 내일의 지구를 누리는 것도 오늘의
우리와 같은 우리라는 생각만 해도 문제
해결에 한 걸음 다가갈 수 있지 않을까?
우리가 말하는 미래 세대가 미래의 내가 될

수도 있다는 태도를 우선 가져보고 그때의
내가 어떤 능력을 가졌는지 얼마나 필요한지
모르니 가능하면 아끼고 소중히 다뤄주는
것이 지속가능성에 그나마 가까워질 수 있을
것이다.

현대사회를 살아가는 우리는 많이 수확하려
한다. 오늘 많이 수확하고 내일 쉬든지, 너무
많으면 내다 팔든지, 팔고도 남으면 잼을
만들든지 자연으로부터 많이 획득하는 것이
나의 자산이 되어간다. 좋은 것은 가까이 두고
언제나 누리고 싶어 한여름의 수박을 사계절
스마트팜에 가두어 연중 내내 얻어낸다. 돈만
있으면 원하는 것을 언제든 얻을 수 있는
세상은 참으로 편리하지만 여전히 두렵다.
내가 오가는 길가에서 자연의 변화와 성장을
실감한다는 것. 서로 다른 링곤베리를 따
먹으며 내일의 더 맛있는 링곤베리를 기다릴
수 있다는 것, 충분히 익은 링곤베리를 먹으며
한껏 행복해질 수 있다는 것. 이런 기회를
스마트팜에 양보하는 것이 과연 스마트한가
고민스럽다.

나오며

2024년 서울 가락시장을 기준으로 하여 7, 8월 출하되는 노지수박의 kg당 단가 평균은 1,420원이며 4, 5월 출하되는 하우스수박의 단가 평균은 3,030원으로 2배가량 차이를 보인다.

아이스아메리카노가 담기는 플라스틱 컵 한 개로 인한 탄소 배출량은 63g이다. 국립공원공단에서 2025년 발표한 자료에 따르면 소나무 한 그루가 하루에 흡수하는 이산화탄소의 양은 54g이다.

남부원 서식지의 동백나무는 겨울철 온난화로 인해 개화 시기는 기온 1도 상승 시마다 3.3~5.4일 앞당겨지며 아열대성 병충해, 여름철 고사로 인한 생장 저하, 겨울철 한파로 인한 꽃봉오리 고사 등의 영향을 받아 기후 적합도가 떨어지는 것으로 전망되어 질적으로 우수한 서식지 감소가 예측되었다.

여름과 영 | 서하진.제이

사랑과 저항은 하나이고 사랑과 치유도
하나이다. 사랑하는 대상이 생길 때, 가로막는
울타리를 넘으려 저항하고, 생채기를
치유하는 마음을 주고받는다. 그것이
지키고픈 사람이든, 살아가고픈 세상 그
자체든. 결국 사람은 사랑으로 존재하기에
나는 그것에 형체를 입히는 예술과 가까이
살기로 했다. 고단한 삶 속에서도 아까운
것들이 차고 넘친다는 사실에 안도하며.

잊히지 않는 기억. 밝은 글을 써보려 했지만
끝내 손끝은 이런 글자를 눌러대기 시작한다.
쌓인 게 많은 삶이다. 나를 지배하는 건 결국
우울감이라든가 처량함 같은 것들. 처음
보는 사람들 사이에서 나는 밝아 보이려
애를 먹는다. 그러니까 여름을 주제로 할 때
한여름 사랑 이야기를 쓰겠다고 스스로 하는
각오 같은 말을 뱉어댔겠지. 나는 예쁜 글을
쓰는 법을 안다. 어떻게 해야 여름이 우거진
초록색과 이른 아침의 윤슬로 채워질지
잘 알고 있다. 며칠을 고민했지만 나는 또
어려운 길을 택한다. 대충 내 인생은 늘 이런

식이었던 듯해서 마음이 무겁지만, 글은
각자의 결핍을 닮아 있다는 사실을 겸허히
받아들인다. 나는 여름을 증오했다.

여름날을 주제로 지금 내가 떠올리는 것. 죽전
푸르지오아파트, 두발자전거, 희소유치원,
내 단짝 친구 유민이, 놀이터, 현암초등학교,
죽전도서관, 이층 침대, 그리고 아빠. 자전거
타는 법을 알려주고 셀 수 없이 많은 날
자전거로 동네를 배회하게 만든 애증의
그 이름. 나는 불안장애를 앓고 있다. 당장
대학교에 다니며 할 일이 넘치게 많아서
생긴 듯 보인다. 덕분에 진짜 결핍을 숨길

수 있지만 어디서 온 건지 어디로 나를 끌고
가고 있는지 알고 있어 아프다. 처음 쓰는
온전한 내 글에 흉터를 내보이는 게 조금은
두렵지만 다시 생각한다. 아빠도, 지금 내
옆을 지켜주는 사랑하는 이도 예외 없이 그
누구에게도 평가받을 두려움은 일단 떨쳐
내보자고. 내가 쓰는 짤막한 글들을 보고선,
제대로 된 너의 글을 써보지 않겠냐 묻는
이들이 종종 있었다. 내 대답은 "저는 작가
같은 걸 할 만큼의 위인이 되지 못해요."
나는 그저 쓰는 걸 즐길 뿐, 좋은 글을 써낼
작가와는 거리가 멀다고. 나를 아끼는 이들을
위한 거짓말이었다. 정확히는 진짜 내 모습을
모르고 함부로 아끼려 드는 이들을 위한
완곡한 거절이었다. 진짜 내 속을 알고 나면
상처받거나 떠나거나 둘 중 하나일 거라
믿었기 때문에.

나는 모순이 가득한 사람이다. 사랑을
숨 쉬듯 말하며 정작 나를 진짜 사랑할
줄은 모르는 사람. 쓰레기를 모아 꽃무늬
포장지로 감싸놓으면 그만큼 나를 똑 닮은
게 없다고 생각하는 못난 인간. 그러면서
주변인들에게는 늘 너 자신을 사랑해라, 너는
충분히 사랑받을 가치가 있는 사람이다,

이런 말을 서슴없이 던지는 불쌍한 사람.
그들에게까지 거짓된 마음은 아니며
진심으로 하는 내 사랑의 표현이다. 지금,
이 글은 어디로 날아가 태초에 세상에 나지
않은 것이 되어도 좋지만, 내가 사랑한다고
여기는 이들에게만큼은 모두 진심이다.
그래서 사랑하는 무언가를 자꾸 만들어내는
것일까. 사랑하는 대상을 만들면 내가 사랑이
넘치는 따뜻한 사람으로 위탁되는 기분이 퍽
좋으므로. 결국 사랑으로 귀결되는 복잡한
감정들을 다루고 표현하기 위해 예술과
가까운 곳에서 삶을 영위하고자 하는 사람이
된 것까지. 조금씩 어긋나 보이는 여러 이유로
나는 사랑을 사랑한다.

나는 어린아이를 참 좋아하는데, 잠시 일한
초등미술학원에서 만난 나연(가명)이를
잊지 못한다. 3년 전 여름이었으니까
지금쯤 중학생이 되었을 그 아이는 다른
아이들과는 사뭇 달랐고 나와 닮아 있었다.
그 나이 여자아이들은 가정에서 받는 사랑이
옷차림에서 드러나곤 한다. 매일 화려한
머리핀과 공주풍의 원피스를 입고 등원하는
아이들을 보고 있자면 여기가 미술학원인지
패션쇼장인지 헷갈릴 정도다. 초등학교

4학년이던 나연이를 처음 만난 날, 원장은
내게 나연이를 골치 아픈 아이로 소개했다.
선생님 말에 대답도 잘 안 하고 진도가
가장 늦다며 아예 신경을 쓰지 않아도 될
거라 했다. 그때 나연이 옷은 'Be the Reds!'.
2002년 태어나지도 않았을 이 아이가 월드컵
티셔츠라니. 처음엔 의아했고, 그다음 날,
그리고 그다음 날에도 같은 차림의 이 아이가
신경 쓰였다. 내 말을 잘 듣지 않아서가
아니라 단지 그 빨간 티셔츠에 풀어헤친 긴
생머리 소녀가 마음에 박혔다. 그래서 나는
나연이를 귀찮게 했다. 오늘 학교 급식에는
무슨 반찬이 나왔는지, 친구들과 무슨 일이

있었는지, 좋아하는 애니메이션은 무엇인지.
평범하고 일상적인 질문들이었고 다른
아이들에게 하지 않는 것도 아니었지만
나연이 그림을 봐줄 땐 일부러 느리게
그리며 쉬지 않고 말을 걸었다. 내 말의
반절도 대답하지 않았고 종종 나를 노려보고
있는 시선을 읽었지만 개의치 않았다.
오히려 좋았다. 어린 날의 내가 그랬으니까.
집이 더 이상 내 울타리가 아니기 시작한
이후로 다가오는 어른은 경계했다. 하지만
모순되게도 나는 기다렸다. 내게 더 깊이
다가와 줄 어른을. 물론 나연이의 상황을

끝내 알게 된 바는 없었기에 나와 아주 같다
말할 수는 없다. 그럼에도, 그 아이는 내가
학원을 그만둘 때 눈에 밟힌 아이였고 번호를
주고받은 유일한 아이였으며 내게 눈물을
보인 유일한 아이였다. 근무 마지막 날은 내게
직접 파리바게뜨에서 사 온 쿠키를 내밀기도
했던. 나연이는 알까. 잠깐 스친 인연에
불과한 내가, 3년이 훌쩍 지난 지금도 너의
평온을 바라고 있다는 걸.

2009년 여름날, 푹푹 찌는 무더위도 잊은
채 놀이터에서 온종일 뛰놀고 집으로 들어온
보통의 날이었다. 아홉 살이던 나는 세상에서
가장 사랑하던 이에게 맞았다. 그리고 이층
침대로 도망가 한참을 울었다. 퇴근한 엄마가
내 뺨의 생채기를 보고 아빠와 다툴까 하여
벽을 바라보고 이불을 푹 눌러쓴 채 잠이
든 척했다. 뜨겁게 터져 나오려는 눈물을
틀어막으려 안간힘 쓰며 '내일은 집에
들어오자마자 손 씻어야지' 생각했다. 그날이
이토록 생생한 이유는 긴 여정의 시작이었기
때문일 것이다. 두 살배기 어린 동생을
울려서, 불렀는데 대답하지 않아서, 반항 어린
표정을 지어서, 다가올 때 소리를 질러서,
반말하며 괴성을 질러서, 집을 뛰쳐나가서.

나는 끝이 보이지 않는 어둠을 달리고 있었고
괴물은 언제나 내 그림자를 밟고 서 있었다.
사는 게 고단했던 엄마도 어느 순간부터는
내가 맞는 걸 모르는 체했다. 시간이 아주
많이 흘러 얘기를 나눴을 때 모른 척한
적은 맹세코 없었다 했지만 아홉 살 나는
아직도 이층 침대에 움츠려 있다. 가출을
결심하고 나온 길, 내가 갈 수 있는 곳은
죽전의 국립도서관뿐이었다. 그마저도 닫을
시간이 되어 나가라는 경비 아저씨의 말을
들으면 제 발로 지옥으로 돌아가야만 했다.
그런 내가 기댈 수 있는 하나의 존재는 어린
나와 동생을 돌봐주시던 이모할머니였다.

지금까지도 내가 여태 만나고 알고 지낸
모든 사람 중 가장 온전히 따뜻한 분이다.
나는 이모할머니와 하던 역할극을 좋아했다.
병원 놀이를 좋아했던 것 같은데 기억이
흐린 건 슬픈 일이다. 하필 딱 한 번 대든
기억이 선명하다. 그때조차 할머니는 가여운
나를 안아주셨다. 그 품속이 어느 때보다 더
뜨겁고 아팠다. 후회라는 감정을 처음 경험한
순간이지 않았을까. 나는 종교의 기도로
용서를 구한다는 교리를 좋아하지 않는다.
회개라는 단어는 특히 속이 울렁거린다.
잘못은 잘못으로 남아야 하는 것. 어떤

회개로도 결코 없던 일이 되지 않는 것. 나의
이모할머니는 독실한 크리스천이셨으니 작은
나의 잘못쯤 충분히 품어주실 수 있었겠지만
나는 아니다. 맞기만 했던 나를 용서할 수
없고 되레 옥상에서 아래를 내려다보며
한참을 고민했던 나약함을 두고두고 용서할
수 없다. 그리고 모든 일을 잊어버린 괴물과
그를 용서하라는 나의 엄마를 더더욱 용서할
수 없다. 미움은 사랑의 크기와 비례한다는
깨달음을 얻은 지 얼마 되지 않았다는 사실과
함께.

94 열일곱 여름날, 맴맴 울어대는 매미 소리가
가득한 산에 오르기 좋아했다. 정확히는
오르는 것을 좋아한 건 아니었고 그저 어른들
몰래 술을 마시기에 그보다 마땅한 곳은
없었다. 학교가 끝나면 친구들과 산모기
떼의 밥을 자처하며 술을 퍼마시곤 했다.
술은 내가 나를 잊게 해주는 도구였고 그
시절 우리의 낭만이었다. 잔뜩 취해 빙빙
도는 여름밤 하늘을 평상에 누워 올려다보는
일 자체에 숨통이 트였다. 엄마는 자주
울었다. 아빠는 이유 있는 훈육이라 여기며
또다시 손찌검하려 했지만 이젠 통하지
않았다. 말리던 동생이 처음으로 다쳤을

땐 경찰을 부르기도 했다. 엄마는 나를
패륜아라 한탄했지만 나는 후회하지 않는다.
진작 경찰서에 찾아갈 생각을 하지 못한 나
자신을 후회할 뿐. 내 학창 시절을 떠올리면
반은 그립고 반은 괴롭다. 친구들이 대학
걱정을 할 때 난 그날 마실 술을 구하기에
바빴다. 하루라도 술을 마시지 않으면 잠에
들 수 없었으니. 알코올 중독증이었다는
사실을 외면했다. 그렇게 나날이 망가지고
있는 나를 방치했다. 그 무렵 가장 친했던
친구도 마음의 병을 앓고 있었는데 그 친구가
손목을 그을 때면 다신 이러지 말아달라
펑펑 울어댔다. 모순덩어리인 삶이었다.

나는 나를 방치하고선 친구는 살리고 싶었던
시절에 살았다. 꿉꿉하고 끈끈한 여름은
거리를 배회하기 어려운 계절이었으므로,
잔인한 여름은 내게 계속해 인고하는 법을
알려주려는 듯했다. 견디면 가을이 올 거라
타이르며.

스물둘 봄에 찾아온 그는 찬란한 사람이었다.
세상 만물을 달콤한 사탕처럼 보이게
만들어주었다. 우리는 만나는 내내 서로를
그리워해야 했다. 우리에게 주어진 상황이
온전치 못해 매일 보고 싶단 말밖엔 할 수

있는 게 없었다. 지금도 크게 다르지 않지만,
그때 대학 생활은 내게 전부였다. 밥도
잠도 잊고 소중한 그 아이도 잊은 채. 나는
많은 것과 학점을 맞바꿨다. 실은 그만은
잊은 적이 없었다. 속으로 눈물을 삼켜냈을
뿐. 내게 그토록 학업에 열중한 이유를
묻는다면, 대학 생활은 내가 원해서 선택하고,
내가 원해서 도전한 인생 첫 울타리였기
때문이라 답할 것이다. 나는 장대비가 내리던
여름날 그 아이를 버렸다. 길가에 주저앉아
쏟아지는 비를 맞으며 목놓아 울었다. 한참을
아프겠구나 생각하면서. 단내를 풍기던

이상한 세상은 금세 빗물에 씻겨 내려갔고
나는 다시 인고의 여름을 나게 되었다. 끝난
인연에 뒤늦은 후회로 하루하루가 망가져
버렸다. 그렇게 집착과 광기 어린 마음까지가
사랑이라 여기며 바닥에 널브러져 있던 나를
끌어 올려준 나의 '영'. 나의 구원자.

영은 여름을 사랑하는 사람이었다. 여름의
초록을 사랑하고, 살랑살랑 부는 바람에
흔들리는 초록을 더욱 사랑하며. 촉촉한
습기와 풀 내음 그리고 비 냄새를 사랑한다.
여름밤 하늘과 흐르는 공기까지도. 그와의
두 번째 만남이 떠오른다. "이상형이

뭐예요?"라고 묻는 그에게 나는 "하얗고
마른 글쟁이요"라 답했다. 그의 이어진 말은
"꿈이 미망인인가 봐요." 그래, 나도 알고
있다. 내 이상형을 다시 말하자면, 글 속에서
삶을 영위하며 신경증 하나쯤은 달고 있어야
해서 건강히 오래 살긴 그른 사람이다.
그리고 그는 희고 마른 체형의 드라마
작가다. 그가 내 마음에 깊이 들어올수록
내 불안은 나날이 심해졌다. 남은 사랑을
홀로 삭혀야 했던 이별, 헛된 사랑이었음을
깨닫고 무너졌던 무수한 인연들, 그리고
나를 아프게 한 가장 사랑했던 아빠. 나는

영을 잃고 싶지 않아질수록 과거의 기억들과
싸워야 했다. 마치 내 안 창고 가득 쌓아둔
날카로운 철근들이 터져 나와 내 온몸을
짓누르는 듯했다. 이런 모습으로 영을
사랑할 수 있겠느냐는 내 안의 물음에, 매일
꾸는 꿈에서 영은 나를 떠나가길 반복했고
눈을 뜨면 그를 원망했다. 나를 얼마나
사랑하느냐고, 내가 이럴 때면 정이 떨어지지
않느냐고, 죽을 때까지 이런 나와 함께할
수 있겠냐고. 어리석은 질문들을 잡히는
대로 마구 잡아 던졌다. 결국 나는 병원에
다니기 시작했다. 이대로는 도저히 안 되겠다
생각하며. 이건 그도 모를 사실인데 나는

순전히 그를 잃지 않기 위해 정신과를 다니기
시작했다. 고등학생 시절 잠시 다녔던 기억은
떠올리기만 해도 숨이 막혀 다신 가고 싶지
않았기에. 남은 삶을 그와 함께 살아가고
싶다는 바람 하나로 진료 예약을 잡고선 많이
울었다. 병원에 다니며 내 몸과 마음은 조금씩
낯선 자유를 찾아갔다. 그럼에도 여전히
우리는 계속해 흔들렸고 언제고 서로를 다시
꼭 끌어안았다. 영은 오랫동안 곪아있던 나를
치유해 준 사람이다. 영에게 받은 첫 편지에는
이런 말이 적혀 있었다.

"어렸을 때, 내게 많은 부분을 차지했던
감정은 연민이었어. 굽은 허리로 야채를
팔던 모르는 할머니부터 조금은 특별한
가정사를 가진 친한 친구까지. 누군가의
단편에 나의 판단을 개입하는 게 옳지
않다는 걸 알게 되어버린 시절부터
그 감정을 꾹꾹 눌러댔고, 그때부터는
마주할 수도 없게 납작해진 마음으로
변해 있었어. 그러다 우연히 좋아했던
평론가의 글을 보게 됐어. 그 문장들은
내게 구원처럼 느껴졌는데, 왜냐하면
그때가 너를 알아가고 있던 시절이었거든.
조그마한 등에 무거운 마음을 업고

도서관으로 향했을 너의 어린 시절.
여전히 그 유년을 안은 채 때때로 어두운
밤을 지낼 너를 생각하면 이제는 어렴풋한
기억으로 남아있던 그 납작한 마음이
자주 부풀어 올랐어. 그 불편한 마음을
등지지도, 끌어안지도 못할 때 그 문장을
만나게 된 거야. 내게 구원이었던, 이제는
각오가 된 그 문장을 마지막으로. 생일
축하해. 제이. '그가 이 세상을 살아간다는
사실 자체가 안쓰러워 그 곁에 있겠다고
결심하는 마음을 사랑이 아닌 어떤 다른
이름으로 불러야 더 정확할 수 있단
말인가.' 어두운 밤을 지내는 당신의
손끝에 항상 나의 손이 있길 바라며. 영."

계절을 받아들이는 일은 결국 계절의
문제가 아니라 내 마음의 문제라는 것을.
무더위와 습기, 곱슬머리와 번지는 화장,
벌레와의 전쟁 그리고 끝없이 이어지던
불안의 그림자까지. 그것들은 모두 내 마음이
만들어낸 여름의 풍경이었다. 나는 거의 평생
여름을 미워하며 살아왔지만, 사실은 내 안의
결핍과 두려움, 변치 않을 사랑을 갈구했던
간절함이 여름이라는 이름 아래에 숨어 있던
셈이다. 영을 만나고, 그가 사랑하는 여름을

바라보며 나는 조금씩 내 마음의 창을 열기
시작했다. 초록이 짙게 우거진 나뭇잎 사이로
쏟아지는 햇살, 이른 아침의 윤슬, 비 내린
뒤 맑은 공기, 그리고 여름밤의 따뜻한 바람.
그 모든 순간이 내게도 가능하다는 사실을
조심스레 믿어본다. 계절은 언제나 그 자리에
있다. 변하는 것은 나의 마음뿐이다. 계절을
받아들이는 일은 내 상처와 결핍, 그리고
사랑을 있는 그대로 끌어안는 일임을. 여름이
내게 남긴 모든 것들을 부정하지 않고, 그
안에서 새로운 의미를 찾아가는 일임을.
여름이 오면 나는 다시 한번 나를 돌아보고
내 안의 어둠과 빛을 함께 바라본다. 그리고
그 모든 것을 사랑하려 한다. 영이 내게
내밀었던 손처럼, 나도 어두운 방 귀퉁이에
웅크려있던 내게 손을 내민다. 여름을
사랑하는 그를 사랑하고, 그가 사랑하는
여름을 사랑하며, 여름을 사랑할 수 있어진
기특한 나를 사랑한다. 여름은 더 이상 증오의
계절이 아니며, 이제 나는 갑절의 여름을
기다린다.

"제이는 여름이 왜 싫어?"
"나는 내 곱슬머리가 습기에 부푸는 게
싫고 벌레가 많은 것도 싫어. 음 그리고

비가 오면 기분도 가라앉고 화장도
지워지잖아. 또… 아냐, 그래도 영이
좋아하니까, 나도 이젠 좋아."

"그림책은 사랑이에요" |
이루리 그림책작가 강연

들어가며

2025년 5월 24일 책마을해리에서, 이루리 그림작가의 강의가 열렸다. 강연은 강연자가 처음부터 끝까지 강연을 이끌어나가는 형식이 아닌, 강연을 듣는 사람들의 질문과 참여로 이루어지는 형식이었다. 강연을 앞두고 우리는 이루리 작가님께 몇 가지 질문을 드렸다.

> 강연이 참여자들의 질문과 답변으로 이루어진다고 들었어요. 그렇게 진행하시는 이유가 있나요?

그럼요. 어린이들이나 청소년들은 지금
학교를 다니고 있죠. 근데 학교에서 배운 게
기억이 잘 안 나지 않습니까? 여기 어른들은
더 할 거예요. 어른들은 학교를 더 오래
다녔는데 기억나는 게 거의 없을 거예요. 왜
그럴까요? 내가 알고 싶은 것을 알려주지
않았기 때문이에요. 학교에서는 가르쳐
주고 싶은 것만 가르쳐주죠. 그래서 저는
현재 대한민국 교육은 폭력이고 학대라고
생각해요. 조금 과장해서 말하자면 그래요.
진짜 공부는 알고 싶은 것을 스스로 알아보는
거예요. 인류 역사상 가장 훌륭한 인간 중
하나인 다빈치는 학교 근처에도 안 갔잖아요?

자기 혼자 알고 싶은 걸 알아봤죠. 도서관과
책방을 최고의 학교라고 부르는 이유도
그곳에는 선생님이 없기 때문이에요. 스스로
탐구할 수 있는 공간이죠. 우리가 공부를 하는
데 있어서 공부하는 사람의 자유와 호기심이
얼마나 중요한가에 관해서 이미 너무나
명백하게 시사하고 있는데 사회가 더디게
바뀌고 있다는 생각이 들어요.

작가님이 보시기에 우리나라 책 읽기
풍경은 어떻고, 어땠으면 하나요?

해마다 6~7곳 정도 해외 도서전에 가요.
작년에 갔던 도서전 중에서 마드리드
도서전이 인상적이었어요. 마드리드
도서전은 국제도서전이 아니라,
한국출판문화산업진흥원이 주최하는,
찾아가는 한국도서전이에요. 스페인에
저작권을 수출할 한국 출판사를 뽑아서 한국
콘텐츠에 관심 있는 스페인 출판사와 미팅을
하는 거예요. 근데 이걸 시작하기 전에 스페인
출판협회 회장님이 스페인 독서 현황에 관해
브리핑을 해줬어요. 깜짝 놀랐죠. 우리나라는
책 보는 사람이 워낙 적어서 독서인구
조사하기가 어려워요. 너무 적으니 1년에

한권이라도 읽은 사람으로 조사하는데도 40퍼센트가 안된대요. 스페인은 1년에 한권이라도 읽은 사람이 아니라, 그냥 책을 즐겨 보는 사람의 숫자가 70퍼센트가 넘는대요. 스페인만 그런 게 아니라 유럽 전체가 그렇대요. 더 놀라운 사실은 열혈 독서인들이 책을 안 보는 30퍼센트 국민들을 위해 캠페인을 열어요. 'Endless Reading', 끝없이 읽자는 뜻이에요. 더 놀라운 점은 그 책을 90퍼센트가 동네 책방에서 산다는 거예요. 인터넷으로 책 사는 사람의 비중이 10퍼센트도 안 되는 거죠. 도대체 어떤 점이 이런 차이를 만들까? 확인하러 마드리드 시내

책방에 가봤어요. 우리로 치면 서울인데, 시내 골목 곳곳에 작은 책방들이 꽤 많았어요. 대부분 오로지 책만 파는데도 유지가 돼요. 잠깐 있었는데도 책 보러 오는 사람들이 개미 줄 지어오듯 계속 오더라고요. 주인한테 무슨 책 있어요? 물어보고 수다도 떨고 책 사가고. 정말 책을 즐기는 게 일상이구나 느꼈어요. 우리나라는 공부하려고 책 사잖아요. 근데 여기는 공부하려고 책 보는 사람은 많이 없는 것 같더라고요. 대부분 책방들이 장르 책방이에요. 문학 전문 책방, 일러스트 전문 책방처럼요. 일러스트 책방이라고 하면

미술책, 그림책 생각할 텐데 그것보다는,
소설책인데 손그림이 들어간 소설책만
판매하는 거예요. 요리책인데 일러스트가
들어가 있으면 그것도 팔고요. 결국 모든
분야의 책이 있는데 손으로 그린 일러스트가
들어있으면 다 취급하는 거죠. 마드리드의
판탈레이 일러스트 전문 서점은 꼭 가보세요.
우리도 책을 공부하기 위해서가 아니라
음악을 듣고 드라마를 보듯, 좋아하는 걸
자유롭게 볼 수 있는 편안한 독서 문화가
만들어진다면 좋겠어요. 어릴 때부터 우리는
책도 국어 지문도 정답을 찾아가며 읽었는데
실은 책에도 정답이 없고, 인생에도 학문에도
예술에도 정답은 없어요. 좋아하고 즐기는
것이 최고의 공부고 정답은 스스로 찾아가는
것이랍니다! 이제 여러분, 질문거리가 좀
생겼을까요?

강연을 시작하며

처음 글을 쓰게 되신 계기가 궁금해요.

『언제나 내 곁에』

엄마는 언제나 네 곁에 있을 거야, 하면서
엄마 곰이 아기곰 코다를 따뜻하게 안아주고
있어요. 코다도 아주 다소곳이 엄마 품에

안겨 있죠. 그런데, 다음장에서는 "엄마는
거짓말쟁이에요!" 하며 인상을 쓰며
눈을 던지고 있어요. 왜일까요? 내 곁을
떠났으니까요. 엄마가 언제나 네 곁에
있을 거라고 약속했는데 약속을 못 지키고
돌아가신 거예요. 그래서 아기 코다가
화가 많이 났어요. 이제부터 나는 완전히
혼자라고 하지만 그림에는 어때요, 무덤에서
엄마가 스르르 나와서 아기곰을 안아줘요.
아기곰 코다는 엄마가 자기를 안아준다는 걸
모르겠죠, 눈에 보이지 않으니까요. (후략)

왜 글을 쓰기 시작했냐, 음. 왜 작가가 됐냐는
질문으로 이해하고 답변할게요. 원래 꿈은
작가가 아니었어요. 초등학교 6학년 때
아빠가 제게 꿈이 뭐냐 물었어요.

"얘야, 너는 커서 뭐가 될거니?"
"저는 사람의 생명을 구하는 의사가 될
거예요!"

보통 자식이 의사가 꿈이라고 하면
좋아하잖아요? 우리 아빠는 안 좋아했어요.
우리 집은 가난해서 대학을 못 보내주니
공업고등학교나 상업고등학교 나와서

취직하라고 하시더라고요. 그때 어리고 철이
없어서 상처는 안 받았어요. 다음날부터 이런
생각을 하기 시작했어요. 그럼 공부도 안
하고 대학도 안 가면서 사람의 생명을 구하는
일은 뭐가 있을까? 하고요. 어릴 때부터 집
앞에 있는 헌책방에 다니면서 책을 봤는데,
책을 펼쳐보니 사람한테 생명이 하나가
아니라 두 개가 있더군요. 몸의 생명과 마음의
생명. 몸의 생명을 구해주는 건 의사지만
마음의 생명을 구해주는 사람이 될 수도 있는
거였어요. 노래하는 가수, 춤 추는 댄서, 그림
그리는 화가, 글 쓰는 작가, 연기하는 배우를
포함해 모든 예술가들이 영혼의 양식을
만들어주는 사람들이고 영혼의 의사들이라는
걸 알게 됐어요. 제가 읽었던 책에 작가들의
약력을 봤더니 학교를 안 다닌 작가들도 많은
거예요. 대학을 꼭 나오지 않고도 작가를 할
수 있구나, 하는 생각에 작가라는 마음의
의사가 되어야겠다고 마음 먹었어요.

결국 아빠가 반대하시던 대학에도 갔어요.
알바를 많이 해서 학비를 마련하고 집에
생활비도 냈어요. 사실 현실적으로는
쉽지 않은 길이었죠. 제가 작가가 된다고
하니까 아빠뿐 아니라 주변 사람들도

반대하더라고요. 덩달아 저도 걱정이 됐어요.
그래서 항상 과외 선생님, 학원 선생님 같은
일을 하면서 한쪽에서는 글을 썼던 것 같아요.

제가 마흔살에 짝꿍을 만나 결혼을 했거든요.
연애시절 짝꿍 싸이월드에 '인생은 저지르는
자의 것이다' 이렇게 써 있었어요. 결혼을
하면서 같이 다짐했죠. 지난 40년은 부모님
눈치 보면서 살았지만 남은 40년은 우리
마음대로 살자고요. 짝꿍은 영어과를 나와서
번역가가 되고 싶어했고, 저는 작가가
되고 싶었으니 지역 출판사를 등록했어요.
그 출판사 이름이 북극곰이에요. 왜
북극곰이냐! 이건 사연이 너~무 길어서
나중에 말씀드릴게요(웃음). 그 출판사에서
북극곰에 관한 이야기를 제일 처음 쓰게 된
게 이 책, 『언제나 내 곁에』였어요. 창작자로는
마흔 넘어서 데뷔를 한 거예요. 물론 창작이
아닌 그림책은 서른 살에 만나서 번역, 편집을
했어요. 한쪽 다리를 걸쳐놓고 쭉 살아왔던 것
같아요.

이 작품을 특히 보여드렸던 이유는, 제가 쓴
작품 중에서 DM을 가장 많이 받은 작품이기
때문이에요. 많은 분들이 "얼마 전에 키우던

강아지가 무지개 다리를 건넜는데 큰 위로를
얻었어요. 이런 책을 만들어줘서 고맙습니다"
같은 메세지를 보내주셨어요. 작품을 통해
직접적으로 고맙다는 이야기를 많이 들은
작품이어서 처음으로 보여드렸어요. 저도
이 책을 보면서 사랑하는 사람한테 편지도
써보고 그랬어요. 사는 일은 다 힘든데요,
사랑받은 기억이 있는 사람들은 어떤
경우에도 포기하지 않고 꿋꿋하게 자기 삶을
잘 살아갈 거라고 믿어요. 다들 눈을 감고
마음속으로 사랑하는 사람이나, 사랑하는
동물이나, 사랑하는 식물이나, 사랑하는
치킨이나…. 사랑하는 무언가를 떠올려보세요.
그리고 그 무언가에게 마음속으로 편지를
써보세요.

북극곰이랑 이루리북스 두 개가 어떻게
다른지 궁금해요.

『소방 전하 엄지척』
우리 간단한 활동을 한 가지 해볼게요.
내가 다음 생에 태어난다면 어느 나라에서
태어나고 싶은지, 어디에서 살고 싶은지 잠깐
생각해보세요. 이유도 잠깐 생각해봐주세요.

전쟁 없는 평화로운 나라요!

호주를 다녀왔는데 바닷가가 너무 마음에
들었어요.

바다요. 바다가 너무 좋아서 바다가 되고
싶어요.

그럼 질문할게요. 고창이 좋아요, 서울이
좋아요? 무슨 얘기를 하고 싶으냐. 우리
삶의 대부분은 취향의 문제라는 거예요.
내가 옳고 상대방이 틀린 일은 별로 없어요.
다른 것뿐이죠. 나랑 상대방은 다를 수
있죠. 저도 짝꿍을 우연히 만났어요. 제 학교
동아리 선배 누나가 프랑스로 유학을 갔다가
아파서 치료받으러 한국으로 왔었어요.
다행히 치료가 잘 끝나서 다시 돌아갈 때
환송회 같은 걸 하는데 그날 저는 친한
선배 누나니까 집에 데려다 준다고 끝날
시간쯤에 갔어요. 근데 그 자리에 짝꿍이
있었던 거예요. 그렇게 눈이 맞아서 연애를
했어요. 처음엔 좋았는데 서로 다르니까
자꾸 싸울 일이 생겼어요. 정말 크게, 혹은
헤어질 이유들이 생기기 시작했어요. 그런데
헤어지지 않은 결정적인 이유는 별자리
공부 덕분이었어요. MBTI 검사해봤어요?
그게 융심리학에서 나왔는데, 또 융심리학은

별자리 공부에서 나온 거예요. 별자리 공부는 천문학에서 나온 거예요. 우연이지만 저희는 연애할 때 둘 다 별 공부를 했었어요. 그게 서로 왜 그렇게 다른지 이해하고 받아들이게 도와줬어요. 그래서 우리 북극곰 출판사에 『당신의 별자리』, 『사랑의 별자리』라고 엄청 두꺼운 책이 있어요. 책까지 내게 된 이유는 이 공부가 관계의 평화에 굉장히 중요하다고 생각했기 때문이에요.

처음에 출판사를 시작할 때 그림책을 좋아했던 사람은 저였어요. 분명 저였는데, 저랑 같이 그림책을 만들다 보니까 본인의 취향이라는 게 있잖아요. 그래서 슬슬 의견이 갈리기 시작하는 거죠. 그러다가 직원들이 들어오니까 직원들도 자기들의 취향이 있고요. 그건 좋은데 제가 내고 싶은 책을 막 반대하니까 스트레스가 너무 커지는 거예요. 그래서 내 마음대로 할 수 있는 브랜드를 또 만들어야겠다 싶었어요. 어차피 제가 이루리북스라는 책방을 하고 있었기 때문에 이걸로 출판하면 되겠다 싶었죠. 지금 소개한 『소방 전하 엄지척』, 이 책도 북극곰에서 반대한 책이에요. 근데 또 출판사를 만드니까 또 직원이 필요하잖아요.

디자이너도 그렇고 직원들이 들어오니까 또
반대를 해요! 이제 세번째 출판사가 만들어질
예정이에요(웃음). 그래서 이번에는 직원 없는
출판사, 내 마음대로 만들고 외주를 주는
출판사로 만들 예정이에요. 왜냐하면 나는
내가 좋아하는 일을 하려고 사는 사람이니까.
제가 기획했는데 북극곰에서 오케이
하면 거기서 나와요. 오케이를 못받으면
이루리북스에서, 거기서도 못 받으면 새로운
출판사에서 나오는 거죠. 저는 하고 싶은 일은
하고야 마는 사람이에요. 내고 싶은 책은
내는 사람이고요. 그렇지만 또 같이 일하는
사람의 취향도 나름 존중해요. 처음에는

직원 없이 외주만 줬는데, 그러다보니
무조건 제 취향에 맞춰서 해달라고 요구를
했고 계속 수정해달라고도 했어요. 근데
어느날 디자인은 디자이너의 예술인데
내가 왜 내 취향만을 강요하고 있지? 하는
생각이 들더라고요. 지금은 디자이너가
해주는 것 중에서 소심하게 골라요. 그걸
깨닫고 공부하는 데 꽤나 긴 시간이 걸린
것 같아요. 집에서도 마찬가지예요. 라면도
꼬들면 좋아하는 사람이 있고 조금 퍼진 면을
좋아하는 사람이 있잖아요. 근데 꼭 시켜놓고
야단치는 사람이 있어요. 그거 바람직하지

않거든요. 독재자가 될 수도 있어요. 의견은
꼭 통일하지 않아도 되니까요, 서로의 취향을
존중했으면 좋겠어요. 그래서 북극곰과
이루리북스는? 대표가 다르다!

창작 이전에 해외 번역이나 엮은이 활동도
하셨다고 했는데, 작품을 선택하는 기준이
뭔가요?

『공원을 헤엄치는 붉은 물고기』
이 작품은 수입한 그림책이에요. 글이 없고요,
이렇게 보면 정신이 하나도 없는 작품이에요.
등장인물이 많아서 글 없는 그림책 중에
가장 어려운 책일 거예요. 내 마음이 가는
등장인물을 한 명만 고르는 거예요. 다른 데
보지 말고 내가 정한 주인공과 그 주변을
따라가다 보면 이야기가 만들어지거든요.
이제 살을 붙여서 이야기를 만들어봅시다.

우산 쓴 아이가 서 있어요. 이름은
해피고요, 계속 해피한테만 비가 내리고
있어요. 시간이 지나도 계속 구름이
따라다녀요. 해피는 걸어 다니지만 계속
비가 와서 지치고, 고개를 떨궜지만 계속
계속 걷다보니 어느새 구름이 사라졌어요.

비가 드디어 멈췄나, 확인한 뒤 긴긴
시간 들고 있던 우산을 접고 홀가분하게
걸어가요. 처음에 혼자 뒤돌아서 우산
쓰고 있는 게 마음이 쓰여서 골랐어요.

집에 가서도 나는 왜 하필 그 많은 주인공
중에 이 아이를 선택했을까를 한번 생각해
보면 좋겠어요!

저는 오른쪽에 킥보드 탄 소녀를
골랐어요. 이름은 릴리예요. 릴리가
킥보드를 타고 있어요. 처음에는 새를
따라가기도 하고요. 혼자서 시간을 열심히
보내보고 있어요. 그런데 계속 시간을
보내다가 갑자기 같은 곳을 맴돌기
시작해요. 이걸 보고 이 친구가 혼자
놀고 있는 게 아니라 누군가를 기다리고
있구나, 하는 생각을 했어요. 저기를
갔다가 이쪽으로 왔다가 빙빙 돌아요.
엄마를 기다리고 있는 걸까요? 사실
처음에는 치마를 펄럭이며 킥보드를 타는
모습이 자유롭고 행복해 보여서 골랐는데,
보다보니 비슷한 자리만 맴도는게 사연이
있는 것 같았어요.

본인한테는 무슨 사연이 있나요?

저도 자유롭고 싶은가 봐요.

오른쪽 아래 두더지와 꼬마 아이를
골랐어요. "안녕. 넌 두더지네, 어떻게
여기 왔어?" "나도 몰라. 우리 숨바꼭질
할래? 그럼 내가 숨을게!" "너 진짜
숨바꼭질 열심히 하는구나! 나도 찾으러
가야지! 찾았다~" 두더지와 꼬마 아이가
숨바꼭질을 하는 것 같았어요.

우와. 제가 이 책을 수백번 봤는데 저 아이와
두더지는 오늘 처음 봤어요. 진짜로.

질문이 책을 고르고 기획하는 기준이
뭐냐였는데 제가 이 책을 보여드렸잖아요.
이 책은 사야겠죠, 그렇죠? (일동 웃음) 해외
도서전 갈 때 수출 수입 미팅을 해요. 수익
미팅하는 친한 출판사들이 정해져 있어요.
그 중 하나인 '400번의 구타'라는 캐나다
출판사 대표님이랑 친해요. 출판사 이름은
프랑스 영화 제목에서 따왔다고 해요. 그
대표님이 시몽인데, 책을 정말 재밌게
읽어줘요. 이 책이 재밌는 건지 이 사람이
재밌는 건지 헷갈릴 정도로요. 언제는 책이

다 별로라서 "오, 시몽 실망이야. 어떻게 내
맘에 드는 게 하나도 없어~!"라고 했더니 이
책을 보여주면서 한명만 골라보라고 했어요.
전 할머니를 골랐어요. 뽀글 파마 할머니.
사람들이 잘 고르지 않는 픽이었대요.

할머니가 장바구니를 힘겹게 들고 가다가
어지러워서 장바구니를 바닥에 떨어뜨려요.
털썩 쓰러졌는데 사람들이 아무도 안
도와줘요. 지나가는 아저씨도 소녀도 다
쳐다보기만 하고요. 그걸 보면서 막 열을 내고
있는데, 아까 지나간 노란 티셔츠 할아버지가
돌아와서 부축을 해줬어요. 지나갔다가 다시
온거예요. 완전 눈 맞았다고 생각했는데
할아버지가 밀당을 해요. 도와주고는
그냥 가버리는거예요. 그랬더니 할머니가
뒤에서 휘파람을 불어요. 전엔 분명 힘겹게
장바구니를 들고 가셨는데 살짝 달리기까지
해요. 얼굴도 좀 빨개졌어요. 결국 같이 길을
걸어가면서 끝나요.

"헤이 시몽! 당장 계약해! 나 이걸로
하겠어!" 그랬더니 이것도 수입한 책이라고
하더라고요. 알고 봤더니 그 출판사 책이
아니라 다른 스페인 출판사의 책인 거예요.

제가 그림책을 고르는 기준은 '웃기거나, 찡하거나'예요. 그 두가지가 우리 영혼의 양식이 된다고 생각해요. 오래전에 이세돌이랑 알파고랑 바둑을 뒀었죠. 알파고가 이겼죠. 근데 알파고가 좋아서 팔짝팔짝 뛰었다는 얘기 들어봤어요? 못 들어봤죠? 이세돌은 어땠을까요. 괴롭고 힘들기도 했겠죠. 왜 그럴까요? 알파고한테는 영혼이 없거든요. 우리는 영혼의 존재예요. 그 증거는 감정이라고 생각해요. 감정은 딱 우리 몸, 보다는 마음과 영혼으로 느낀다고 생각하거든요. 전통적으로 예술을 나눌 때 희극과 비극으로 나눴죠. 사람은 작품을 보고 막 웃거나 감동받아서 울거나 한다는 거죠. 그래서 저는 이성보다는 감정, 감성적인 것을 더 우선으로 생각해요. 그래서 창작이든 수입이든 구분없이, 이 작품을 보고 내가 웃었는가? 아니면 감동을 받았는가? 가 기준이에요. 제 영혼의 양식을 다른 사람한테도 권한다는 마음으로 기획하고 책을 만들고 있어요.

그림책이라는 형식, 장르를 선택한 이유가 궁금해요.

『행복한 질문』

신혼인 개 부부의 책이에요. 진짜 부인 개랑
남편 개예요. 마주앉아 식사하는 시간인
것 같네요. 스테이크, 빵과 와인인 걸 보니
특식을 준비한 모양이에요. 그리고 부인 개가
남편 개한테 질문해요. "있잖아~ 만약에." 이
질문 남편들이 무서워하죠. '있잖아 만약에'
그러니까 지금 남편 개가 스테이크를 입에
넣으려다 못 넣고 있어요(웃음). "아침에
일어나 보니까 내가 시커먼 곰으로 변한
거야. 그럼 당신은 어떻게 할 거야?" 좀
당황했지만 그래도 침착하게 대답해요. "그야
깜짝 놀라겠지. 그리고 부탁하지 않을까,
제발 나를 잡아먹지 말아줘. 그런 다음
아침밥으로 뭐 먹고 싶은지 물어볼 것 같아.
당연히 꿀이 좋겠지? 곰이니까?" 대답을 들은
부인의 표정이 흠~ soso 정도죠. 또 시험을
봅니다. "그럼 다시 눈을 뜨니까 내가 작은
벌레로 변해서 당신 코에 앉아있는 거야. 그럼
어떻게 할 거야?" 아까는 곰이었다가 이제는
벌레가 됐어요. "한번 날아 봐, 그러겠지.
여행을 떠나면 되겠다. 비용이 반으로 줄
테니 말이야." 그렇죠, 벌레한테 비행기 값을
받지는 않겠죠. "당신을 위해 작고 예쁜
침대도 만들어줄게. 그리고 살며시 입맞추는

120

연습도 해야겠다. 행여나 당신이 찌그러지면 안되니까." 이런 거 왜 물어보는지 눈치 채셨나요? 지금 이 질문의 핵심은 당신이 나를 얼마나 사랑하는지 얘기해달라는 거예요. 이제 부인의 기분이 어때요? 얼굴도 빨개지고 꼬리가 세 개가 됐네요. 많이 좋다는 거죠. (후략)

우린 지금 그림책을 본 거거든요. 그림책은 시각 예술이에요. 반드시 그림이 메인인 거예요. 독립된 예술 장르예요. 그래서 책 안에 어린이 관람가 그림책부터 어른들을 위한 그림책까지 다 있어요. 심지어 어린이는 보지 말라고 하는 그림책도 있어요. 그런데 우리나라는 아이러니하게도 그림책의 isbn이 유아 밑에 들어있어요. 그래서 그림책 출판사들이 가끔 문학, 예술, 청소년과 같은 다른 isbn을 받기도 해요. 그림책인데 그림책인 줄 모르고 보고 있는 책들도 되게 많아요.

그림책 예술은 이야기를 창작하는 게 아니라 그림을 창작하는 예술이에요. 오늘 본 작품 중에서 이루리 작가 것은 『언제나 내곁에』랑 『소방 전하 엄지척』 두 개밖에 안 봤죠? 근데

그 이야기가 마음에 들어서 그림을 새로
그리면 새로운 그림책인 거예요. 가수들이
직접 작사작곡하지 않아도 리메이크해서
부르면 내 노래가 되는 것처럼, 그림책의 창작
조건은 그림이에요. 그래서 그림책은 시각
예술이라는 거죠.

저는 서른 살에 그림책을 처음 만났는데
이전에 한번도 본 적이 없었어요. 그런 사람들
특징은 그림책이 어린이책이라고 생각해요.
그런데 『행복한 질문』은 어린이책이에요,
어른책이에요? (일동 웃음) 또 교육적일

거라고 생각하죠. 저도 그땐 그런 편견을
가지고 있었는데, 처음 봤던 책이 『지각대장
존』이랑 『프레드릭』 같은 책이었어요.
너무 짧고 너무 쉽고 너무 아름답고 너무
재미있는데 너무나 깊다고 느꼈어요.
더군다나 저는 그전에 계속 소설이나
시나리오나 드라마 같은 걸 썼는데, 항상
부딪히는 지점이 폭력적이거나 잔인한 게
저랑 안 맞는다는 거였어요. 물론 그림책
중에서도 그런 작품들이 있지만 대부분의
그림책은 그렇지 않으니까 제 감성이랑 잘
맞더라고요. 너무나 평화로웠어요. 그림책을
만나고 다른 장르를 다 잊어버릴 정도로요.

그림책이 너무 좋으니까 가장 먼저 한 일은, 그림책 추천 에세이를 쓰는 거였어요. 그렇게 쓴지 십몇 년 뒤에 『아빠와 함께 그림책 여행』이라는 첫 번째 그림책 에세이가 나오고 그 다음에 『아빠와 함께 그림책 여행2』, 그 다음이 『내게 행복을 주는 그림책』이에요. 저는 여러 직업을 가지고 바쁘게 살고 있지만 그럼에도 한달에 한 편은 꼭 그림책 에세이를 쓰려고 해요. 요즘은 독서 신문에 연재를 하고 있어요. 그렇게 하는 이유는 제 그림책 사랑의 시작이었고, 가장 가치 있는 일이라고 생각하기 때문이에요. 제 책이 아니더라도 여러분이 좋다고 생각한 책에 대해 한줄이라도 남겨주는 게, 그 책에 사랑을 전할 뿐 아니라 그 책을 살리는 행위예요. 얼마나 많은 책이 날마다 절판되고 있는지 알고 계세요? 사람들의 관심과 사랑을 받지 못해서, 혹은 알려지지 않아서 더 이상 만들어지지 않는 책들이 많아요. 근데 그 책을 만드는 사람들은 몇 년의 시간과 인생을 바쳐서 만들거든요. 그래서 여기 계시는 분들은 책의 가치를 아는 분들이니까 내가 발견한 아름다운 책, 재미있는 책을 부디 한줄이라도 꼭 SNS에 올려주시면 좋겠어요. 그것이 누군가의 삶을 바꾸기도 하고 작가와

출판사를 살리기도 해요. 에세이스트가 되지
않더라도 말이에요.

마치며

우리는 사랑해서 결혼했고 사랑해서
아이들을 낳았지만 그걸 늘 까먹는
사람들이에요. 그래서 날마다 새로운 감동,
새로운 예술작품이 필요해요. 영혼의 양식도
오늘 나한테 필요한 만큼 먹는 거고요. 그래야
내가, 우리 가족이 얼마나 소중한지 잊지 않을
수 있어요.

이루리 작가님은 마음을 울리는 말씀을 남기며
강연을 마쳤다. 강연이 끝난 후, 이루리 작가님과
우리는 함께 별자리 공부에 대한 이야기를 나누었다.
어떤 이는 난생 처음으로 명확한 본인의 별자리를
알게 되었고, 어떤 이는 자신에게 도움이 될
별자리들을 찾게 되었다. 화기애애한 마무리였다.

매개진 vol.2

2025년 10월 31일 초판1쇄 발행

글 홍주은 손가빈 이우현 이유주 서하진
책임편집 열음
편집/디자인 열음 파도

펴낸 곳 낳(도서출판 기역)
출판등록 2010년 8월 2일(제313-2010-236)
주소 전북 고창군 해리면 월봉성산길 88 책마을해리
　　　경기도 파주시 회동길 363-8 출판도시
전화 070-4175-0914 | 전송 070-4209-1709

ISBN 979-11-94533-07-8 (03810)

이 책은 친환경 재생용지로 만들었습니다.